G2시대,
중국은 우리에게 무엇인가

G2 시대,
중국은 우리에게 무엇인가

초판 1쇄 발행   2014년 2월 10일
초판 2쇄 발행   2014년 7월 15일

엮은이   원광대학교 한중관계연구원
펴낸이   이영선
펴낸곳   서해문집

출판등록 1989년 3월 16일 (제406-2005-000047호)
주 소   경기도 파주시 광인사길 217 (파주출판도시 내)
전 화   (031)955-7470 | 팩스 (031)955-7469
홈페이지 www.booksea.co.kr | 이메일 shmj21@hanmail.net

ISBN 978-89-7483-641-2   93300
값 12,000원

이 도서의 국립중앙도서관 출판시도서목록(CIP)은 e-CIP 홈페이지(http://www.nl.go.kr/ecip)에서
이용하실 수 있습니다.(CIP제어번호: CIP2014002142)

﹡G2 시대,
중국은
우리에게
무엇인가

한중관계의
오늘과
내일

원광대학교 한중관계연구원 엮음

서해문집

머리말
한중관계는 한국의 사활적 문제

1970년대 말 시작한 개혁개방 이후 30년간 쉬지 않고 10% 안팎의 경제 성장률을 기록해온 중국은 이제 미국과 함께 'G2'로 불리고 있습니다. 그러나 최근 미중관계는 협력과 공조보다는 갈등과 경쟁이 노골화해가는 느낌입니다. 한편으로 미국과 일본이 추진하는 환태평양경제동반자협정(TPP) 구상과 다른 한편으로 중국과 아세안이 추진하는 지역경제협력동반자협정(RCEP) 구상이 경합하고 있습니다. 동아시아에서 미국과 중국이 외형상으로도 경합하고 있는 와중에 동아시아 국가들, 특히 동북아시아 국가들 간의 관계가 점점 복잡해지고 있습니다. 대표적인 것이 북한 핵문제입니다. 동북아시아 국가들 간의 양자관계도 복잡해지고 있습니다. 그중 한중관계는 한국에게 사활적인 문제라고 할 수 있습니다.

미국과 중국이 이미 경합 관계로 들어간 상황에서 2012년 12월 출범한 중국의 시진핑 정부는 '중화부흥(中華復興)' '중국몽(中國夢)'이라는 미래 비전을 제시했습니다. 지금 세계 각국이 지대한 관심을 가지고 중국의 움직임을 지켜보고 있습니다만, 정치·경제·역사·지리 등 여러 분야에서 중국과 밀접한 이해관계를 가지고 있는 한국은 다른 어떤 나라보다도 중국과의 관계를 잘 관리하고 발전시켜나가야 합니다.

이러한 국가적 수요에 부응하기 위해 원광대학교는 중국 문제 특성화대학을 향후 10년간 대학발전의 목표로 설정하고, 2013년 3월 한중관계 연구원을 설립했습니다. 산하에 한중법률연구소, 한중정치외교연구소, 한중통상산업연구소, 한중역사문화연구소 등 네 개의 연구소를 두고, 중국에서 박사학위를 받은 학자들을 상임연구교수로 초빙했습니다. 그리고 중국 주재 특파원 또는 중국 전문기자로 활동해온 언론인들을 초빙 교수로 위촉하여 학술적이고 장기적인 연구보다는 실용성 있는 대책들을 내놓기 위한 방식으로 연구진을 구성했습니다. 그리고 실용적 연구 활동의 첫 걸음으로 2013년 10월, 서울에서 '중국, 우리에게 무엇인가'라는 주제로 국제학술대회를 개최했습니다. 이 책은 그때 발표된 기조강연과 논문들을 수정·보완한 것으로, 이를 발판으로 한중관계에 대한 바람직한 발전방향과 미래전략에 대한 연구가 지속적으로 이루어지리라 믿습니다.

학술대회에서 발표된 중국인 학자들의 논문과 토론문은 연구원의 김영신, 김진열, 박재현, 윤성혜 교수가 번역했으며, 각종 발언 녹취는 김소람, 송찬호, 정재영, 최봉, 황수정 조교가 맡았습니다. 그리고 편집과 교정은 이재봉 교수가 맡았습니다. 출판을 위해 수고해준 모든 분들께 감사드리며, 앞으로도 한중관계연구원은 바람직한 동북아 질서와 미래 지향적인 한중관계를 위해 지속적으로 힘쓸 것을 약속드립니다.

2014년 1월
원광대학교 총장·한중관계연구원장 **정세현**

차례

I

中华人民共和

중국,
우리에게 무엇인가

정종욱 (동아대학교 석좌교수, 전 주중 한국대사)

눈앞에 보이는 국가이익 손익계산을 넘어 공동체적 비전에 대한
믿음이 확고할 때 양국관계에서 신뢰공동체적 연대가 가능해진다.
그래야만 중국은 양국 차원에서, 한반도 차원에서,
그리고 지역 차원에서 우리의 진정한 동반자가 될 수 있다.

01 전환기의 한중관계

한·중 양국관계는 지금 중대한 전기를 맞고 있다. 1992년 수교 이후 20년 이상의 족적을 쌓아온 양국관계는 외형적 성장과 양적 팽창의 단계를 넘어 내실을 다지고 질적 성장을 추구해야 하는 것은 물론, 정부 차원을 넘어 사회 저변으로 이해와 믿음을 확산해야 할 시점에 접어들고 있다. 지금까지 양국은 다른 어떤 양자관계에서도 찾아보기 힘든 빠른 속도로 경제적 교류와 협력체제를 구축했고, 이를 바탕으로 정치·안보 분야의 소통과 공조체제를 다져왔다. 그러나 이제는 정부 차원의 관계를 넘어 사회단체를 포함한 민간 차원의 교류와 이해 증진을 강화하고 신뢰를 확산함으로써 양국관계를 한 단계 격상시켜야 할 시점에 도달했다.

다자 차원에서의 변화도 한·중 양국관계의 격상을 촉구하는 큰 요인이 되고 있다. 안보·군사 면에서는 중국의 부상과 이를 견제하기 위한 미국 정부의 제 균형정책, 일본의 본격적 군비확장 계획 등이 동북아시아의 안보 지형을 크게 변화시키고 있다. 경제 분야에서도 미국과 일본이 중심이 되고 있는 환태평양경제동반자협정(TPP) 구상과, 중국·아세안(ASEAN)이 주축이 된 지역경제협력동반자협정(RECP) 구상이 지역의 다자협력 질서의 주도권을 놓고 경합하고 있는 양상이다.

우리의 입장에서 본 문제의 핵심은 중국의 부상으로 형성되고 있는 새로운 국제 및 지역질서가 한반도에서 가장 첨예한 시험의 대상이 되고 있다는 점이다. 2013년은 한국전쟁 휴전 60주년이다. 베를린장벽이 무너진 지 33년 되었고 유럽연합(EU)이 21세기형 초국가(super-state) 체제의 완성을 눈앞에 두고 있지만, 냉전의 피해를 가장 극심하게 강요당했던 한반도에서는 아직도 영토와 민족이 분단된 채 안보가 가장 소중한 가치로 남아 있다. 이러한 상황은 한국이 냉전적 대결과 분단의 논리 속에 갇혀, 민족국가의 정치·경제적 경계를 넘어 다자적 공동체 형성을 향해 질주하는 지역과 국제사회의 발전 추세에 낙후하게 할 수도 있다.

한중관계는 냉전과 탈냉전의 교차점에 있다. 한미동맹이나 북중동맹이 냉전의 산물인 데 비해, 한중관계는 그 냉전의 한계를 넘어 새로운 21세기적 협력과 공존의 모델을 만들어내려는 양국의 의지와 희망을 반영한다. 양국관계가 한미동맹이든 북중동맹이든, 미국과 북한과의 관계에서 냉전적 부담을 덜어낼 때 비로소 '포스트 냉전적 관계'의 모색이 가능해진다. 그런 점에서 중요한 것이 바로 미중관계이다. 2013년 6월 초, 미국 캘리포니아 주 란초미라지에서 있었던 시진핑 중국 국가주석과 오바마 미국 대통령 간의 정상회담은 비록 비공식이었지만 우리에게 중요한 의미가 있다. 양국 정상이 추구하기로 합의한 신형대국관계가 한반도에서 포스트 냉전의 신질서 수립과 긴밀한 연관성을 갖지 않을 수 없기 때문이다.

그렇다고 주변의 냉전 잔재가 정리되고 미·중 간 신형대국관계를 포함한 새로운 지역질서가 정착될 때까지 기다리고 있을 수만은 없다. 우리가 주도적으로 남북관계를 개선하고 미래 지향적 한중관계를 만들어가야 한다. 한미관계나 한중관계 또는 남북관계의 그 어느 한쪽에만 몰입하여 균형을 잃어버린다면 결국 외교적 고립 또는 일변도의 밴드왜건(band-wagon)적 우거를 범할 가능성이 있다는 것은 지난 정권들에서의 경험을 통해서도 잘 알 수 있다. 그런 의미에서 2013년 5월과 6월에 있었던 박근혜 대통령의 미국 방문과 중국 방문은 한중관계의 새 시대를 열어가는 데 있어 중요한 의미가 있다. 한미동맹을 굳건히 하고 한·중 간의 전략적 협력 동반자 관계를 강화함으로써 신뢰프로세스에 따라 남북 간 새로운 공존공영 관계를 만들고 지역과 국제사회에서 협력질서를 구축하는 기초를 다졌기 때문이다.

02 **2013 한중 정상회담**

박근혜 대통령의 중국 방문은 다음 몇 가지 점에서 과거의 정상 방문과 차별화된다.

첫째, 정상 차원은 물론 민간 차원에서 상당 수준의 상호신뢰를 구축했다는 점이다. 이번 방문은 '심신지려(心信之旅)'라는 표현처럼 서로 마음을 열고 믿음을 쌓는 데 그 일차적 목표를 두었고 또 괄목할 만한 성과도 거두었다. 중국 지도부와 인민들 사이에서 박 대통령 개인에 대한 관심과 인기가 높았다는 점도 영향을 미쳤지만, 이런 사실을 고려하더라도 박 대통령의 방문에 대한 중국 언론의 보도는 예상 밖으로 우호적이었다. 회담 분위기도 매우 좋았고 결과 역시 대단히 긍정적이었다는 평가를 받았다. 시진핑, 리커창, 장더장 등 중국의 권력 순위 3인을 모두 만나 우의와 협력, 소통을 다짐했고 시진핑 주석의 모교이자 많은 중국 지도자들을 길러낸 칭화대학을 방문하여 양국의 미래에 대한 꿈을 주제로 감동적인 연설을 함으로써 많은 학생과 청중들로부터 따뜻한 반응을 얻었다. 특히 시 주석 부부가 박 대통령을 위해, 예정에 없던 비공식 오찬을 베풀고 한반도의 현안과 미래에 대해 비교적 솔직하게 의견을 교환한 것은 양국관계가 정상 간의 믿음을 바탕으로 미래를 향해 진전할 수 있는 유익한 토대를 구축하는 데 크게 기여했다. "세 치의 얼음도 하루아침의 추위로 만들어지는 것이 아니다(冰凍三尺 非一日之寒)"라는 중국 표현대로 한 번의 정상 방문으로 양국관계가 급격히 좋아지거나 신뢰가 구축되는 것은 아니지만, 이번 정상 방문은 적어도 장기간에 걸쳐 점진적으로 진행될 양국 간 신뢰 구축의 역정에 유익한 기반을 제공했다고 평가할 수 있다.

둘째, 실무 차원에서 효과적 소통 통로를 확보했다는 점이다. 지금까지 양국에는 국방·외교 고위 당사자들 간 다양한 형태의 정례적 교류가 이루어져왔다. 국방장관과 합참의장 간의 회담이 제도화되어 있고 장·차관을 비롯한 외교 당국자 간의 협의 채널도 정례화되어 있다. 그러나 당 중심이라는 중국 정치의 특성을 반영한, 국무원보다도 당 정치국을 직접 연결하는 대화 통로는 없었다.

중국의 최고 통치기구인 정치국 내에서 외교·안보 문제를 다루는 기구는 외사영도소조(外事領導小組)이다. 외교부, 국방부, 대외연락부, 국가안전부 등 당과 행정부 관련 부서들의 책임자들이 참여하여 정책의 골격을 정하는 곳이 외사영도소조이고 여기서 올린 건의들이 정치국 또는 정치국 상무위원회에 보고되어 최종 결정이 내려진다. 이 과정에서 중요한 역할을 하는 것이 외사영도소조를 실무적으로 보좌하는 중앙외사판공실이다. 외사판공실 주임을 외교 문제에 관해 사실상 최고 실무 책임자라 하는 것도 이런 이유 때문이다. 미국으로 치면 대통령 안보보좌관에 해당하는 외사판공실 주임은 관례적으로 국무원 외교 담당 국무위원이나 부총리가 맡아왔다. 장쩌민과 후진타오 시대에는 천치첸 부총리와 탕자쉬안, 다이빙궈

두 국무위원이 외사판공실 주임으로서 외교 분야의 최고 실무책임 자였다. 시진핑이 취임한 후에는 다이빙궈 국무위원이 물러나고 양 제츠 외교 담당 국무위원이 외사판공실 주임이 되었다. 따라서 이번 정상회담에서 한국의 청와대 안보실장과 중국 국무원 외교 담당 국 무위원 간에 정례적 협의 채널을 만들기로 합의한 것은 중앙외사판 공실 주임과의 소통 통로를 확보한 것으로서 중국의 당 중앙과 한 국의 청와대 사이에 직통 채널이 열렸음을 의미한다. 이 채널을 활 성화한 것은 양국관계 특히 외교·안보 분야에서 소통과 협력을 촉 진하는 소중한 자산이 될 수 있다.

셋째, 경제협력을 강화하기로 합의했다. 특히 한·중 양국 간의 자 유무역협정(FTA) 교섭을 지금보다 "더 높은 차원에서 그리고 포괄 적으로" 추진하기로 했다. 이는 양국 간 관세 인하 폭을 90% 이상 으로 확대하고, 대상도 상품 차원을 넘어 서비스와 투자 분야로 확 대키로 했음을 뜻한다. 양국 간의 산·관·학 차원의 공동연구가 끝 났고 실무협상도 이번 정상회담 이전에 여섯 차례나 진행된 바 있 으나 양국 간 상호 민감한 부분에 대한 견해 차이 등의 문제 때문 에 그동안 협상이 교착상태에 빠져 있었다. 그러다가 이번 정상회담 을 통해 다시 활력을 얻게 된 것이다. 정상회담 이후 실무협상이 재 개되어 가이드라인에 대한 대체적 합의가 이루어져서 앞으로는 구 체적 품목을 정하는 협상을 앞두고 있다. FTA는 단순한 한·중 간의 자유무역협정이라는 차원을 넘어 지역의 다자적 경제협력 질서를 추동하는 중요한 수단으로 간주되고 있다. 특히 한·중·일 3국 간에는 양자 또는 다자적 FTA를 둘러싸고 치열한 경쟁이 벌어져 한중FTA뿐 아니라 한일FTA와 한중일FTA도 논의가 진행 중이다. 만약 한중FTA가 타결되면 이는 일본에 상당한 타격을 안겨주게 된다. 일본은 이에 대응해서 TPP 구상에 가입의사를 표명하고 이를 적극적으로 추진하고 있다. RECP를 염두에 둔 조치라 할 수 있다. 이는 FTA가 단순한 경제 문제가 아니라 아·태 지역의 새로운 정치·외교적 질서 형성에 있어 중대한 기제로 작동하고 있음을 보여주는 것이기도 하다. 따라서 이번 정상회담에서 한·중 양국 간 FTA 협상에 박차를 가하기로 합의한 것은 한중 경제협력은 물론 한걸음 더 나아가 장기적으로는 동북아시아 다자적 경제협력질서 구축 과정에서 양국이 긴밀히 협력하는 발판을 마련한다는 의미가 있다.

넷째, 정치·경제 및 안보 분야를 넘어 양국 간 협력을 공공외교와 인문과학 분야까지 확대하기로 한 점이다. 공공외교는 정부 간의 정무적 성격이 강한 일상적 외교와 구별되는, 더 넓은 의미의 외교행위를 지칭한다. 주로 정부가 아닌 일반인들을 대상으로 자국의 입장을 홍보하고 민간 차원의 이해를 돕는 일이 주류를 이룬다. 여기에는 공보원이 수행하는 정부 차원의 홍보 업무도 포함될 수 있지만 더 광범위한 청중을 대상으로 그리고 장기적 시각에서 상호이해를 증진하려는 광의의 외교활동이 포함된다. 정부가 활동의 주체일 수도 있지만 반드시 정부의 정책을 홍보하는 좁은 의미의 활동이 아니라 국민을 상대로 수많은 비정부기구(NGO)와 민간단체들이 수행하는 넓은 의미의 문화외교활동을 그 영역으로 한다고 볼 수 있다. 중국 정부가 1990년대부터 활발하게 추진 중인 공자학원 활동이 공공외교의 한 예가 된다. 중국은 세계 180여 국가에 수백 개의 공자학원을 설립하고 이를 통해 중국어는 물론 중국 문화와 역사를 전파하고 있다. 일종의 소프트파워적 접근으로 중국의 부상에 위협을 느끼거나 불안해하는 국가나 국민들을 대상으로 상당한 효과를 거둔 것으로 평가받고 있다. 이번 한·중 양국 정상이 합의한 것도 그간 양국관계가 주로 정부 차원이나 공공 분야를 중심으로 그리고 물량적·외형적 측면에서 성장해온 결과, 상대에 대한 보다 깊이 있는 통찰, 특히 인문 분야에서의 상호이해가 부족했다는 반성을 토대로 한다고 볼 수 있다. 앞으로 양국관계는 교역과 인적 교류 등 기존의 하드웨어 영역에서도 더 성장해야 하지만, 그보다 더 중요한 것은 사회 저변으로 관계를 확산시켜 서로의 마음을 얻어야 한다는 것이다. 그런 의미에서 공공외교의 중요성은 아무리 강조해도 지나침이 없다고 할 수 있다.

03 북중관계의 재평가

시야를 한반도로 좁혀 현실적 측면에서 보면 한중 정상회담에 대한 우리의 관심은 한반도의 평화와 안보 문제에 대해 양국 정상 간 어떠한 의견 교환이 있었고 공감대가 이루어졌는가 하는 점이다. 이는 정상회담 전에 북한 문제를 둘러싸고 서울과 베이징, 평양에서 일어났던 일들과도 무관치 않다. 2013년 2월 "중국은 북한을 버려야 한다"는, 중국 공산당 중앙당교가 발행하는 《학습시보》 부편집인 덩위원의 주장이 나온 것을 계기로 한국 내에서는 북중관계에 대한 관심이 고조되었다. 5월 초에는 "북중관계가 1953년 이래 최악"이라는 《인민일보》 자매지 《환구시보》의 보도가 나왔고, 북한의 급변사태 대비계획을 지칭하는 '플랜 B'를 마련해야 한다는 주장까지 제기되면서 이런 관심은 최고조에 달했다. 북중관계에 대한 중국의 비판적 목소리는 민간 차원에만 그치지 않았다.

정부 지도자들의 발언도 신랄했다. "누구라도 중국의 문 앞에서 말썽을 피우면 용납하지 않을 것"이라는 왕이 외교부장의 언급이 있은 후 "한반도에서 말썽을 피우는 것은 돌로 제 발등을 찍는 격"이라는 리커창 총리의 경고가 있었고, 뒤이어 "자기의 이익을 위해 주변 지역이나 세계를 혼돈 상태로 몰아넣는 것은 용납하지 못한다"는 시진핑 주석의 발언이 이어졌다. 5월 하순에는 김정은 북한 국방위원회 제1위원장의 최측근이자 권력 순위 2위로 알려진 최룡해 인민군 총정치부장이 김정은의 특사 자격으로 베이징을 방문했지만, 시진핑은 그를 사흘 동안 기다리게 한 뒤, 귀국 직전에 잠시 만나주었다. 그것도 최룡해에게 군복이 아닌 민간복을 입게 하였다. 회담에서도 시진핑 주석은 핵문제 해결의 중요성과 6자회담 재개 필요성을 강조하는 데 대부분 시간을 할애한 것으로 보도되었다. 중국의 북한 정책이 근본적으로 변화하고 있다는 보도가 나온 것은 이런 사태들을 그 배경으로 하고 있었다.

사실 중국 정부는 2012년 말부터 6개월간 김정은이 지속해서 보여준 도발적 행동을 매우 심각하게 받아들이고 있었다. 리지엔궈 전국인민대회 상무부위원장 겸 정치국원이 시진핑의 특사 자격으로 11월 30일 평양을 방문, 시진핑의 친서를 전달하고 핵실험이나 미사일 발사로 긴장을 고조시키지 말라고 충고했지만, 북한은 바로 다음 날 장거리 로켓 은하 3호 발사계획을 발표하고 12월 12일 이를 강행했다. 중국 공산당 18기 전당대회에서 새 지도부가 선출된 직후의 일로서 리지엔궈의 북한 방문 이유 중 하나가 바로 새 지도부 탄생을 통보하기 위한 것이었음을 고려하면, 북한의 장거리 로켓 발사는 중국의 새 지도부 출범에 대한 상상하기 힘든 큰 결례인 셈이었다.

그리고 북한이 이런 중국 정부의 거듭된 설득과 경고를 무시하고 2월 12일 제3차 핵실험을 강행하자 중국 정부는 매우 격한 반응을 보였다. 인내가 한계에 달했다는 보도가 나오는 가운데 유엔 안보리에서 북한에 대한 제재결의안 2094호를 논의했을 때 중국 대사는 격앙된 표정으로 북한을 규탄하고 강력한 제재를 주도했다. 국내 여론도 북한에 매우 비판적이었다. 외교부 산하 국제문제연구소가 발간한 잡지는 중국이 "북한에 더는 끌려다니는 상황을 막아야" 하며 "북한의 도발로 중국의 운신의 폭이 좁아지는 일이 되풀이되는 악순환을 피하고 중국이 주도권을 잡아야 한다"고 주장했다. 북한의 도발적 행동을 이제는 좌시하지 않겠다는 메시지였지만 외교적 언사치고는 대단히 구체적이고 직설적이었다.

북한의 벼랑 끝 전술은 남북관계에서 극단으로 치달았다. 개성공단에서 북한 근로자들을 일방적으로 철수시켰고 새로 출범한 박근혜 정부를 계속 코너로 몰아갔다. 한국 내에서 핵무장이나 핵무기 재도입 등의 논의가 있었지만 중국 정부가 더 우려했던 것은 이를 빌계로 미국이 한반도 주변에 항공모함을 비롯해 핵무기 탑재가 가능한 B-52 장거리 폭격기와 스텔스 폭격기 등 최신 무기들을 동원, 대규모 군사훈련을 하는 것이었다. 일본 내에서 헌법 개정과 집단자위권 강화 움직임이 일어나고 있는 것도 중국 정부로서는 매우 민감한 문제였다. 일본의 집단자위권 강화는 동맹국인 미국 등이 전쟁 상태에 돌입할 때 이에 대한 군사적 지원을 가능할 수 있게 하자는 것이었다. 전쟁 수행 능력을 배제한 일본의 평화헌법 9조를 무력화시키는 조치로서 일본을 일차적 군사 충돌 대상으로 상정하고 있는 중국의 동아시아 지역 군사전략에 대한 전면적 도전이 될 수도 있는 상황이었다.

이러한 일련의 사건들을 종합해보면 중국 정부가 북한에 대해 매우 불쾌해했고 단호한 조치를 취할 필요를 느꼈다는 추측이 가능하다. 특사를 파견하여 북한의 입장을 설명하고 김정은의 중국 방문을 협의하겠다는 평양의 제의를 중국 정부가 거절했다는 보도를 중국 외교부 대변인이 확인하지는 않았지만, 단순한 추측은 아닐 가능성이 높다. 적어도 그만큼 중국은 북한의 행동에 비판적이었고 북한 문제에 대해 모종의 단호한 조치가 필요하다고 판단하고 있었다. 북한 포기론이 나온 것도 이런 배경 때문이었다. 그러나 과연 중국이 북한을 포기하겠다는 극단적 결정을 했을까? 시진핑 정부가 북한을 포기할 수 있을까? 만약 그게 사실이라면 중국의 계산은 무엇일까? 이것이 한중관계에 어떤 영향을 미칠까? 이런 물음에 대한 답을 찾아보는 것이 '중국은 우리에게 무엇인가'라는 질문에 대한 답을 찾는 데 도움이 될 것이다.

04 중국의 전략적 고민

북핵 문제가 불거진 이후 중국의 한반도 정책의 최우선 목표는 안정과 평화 유지였다. 이른바 3불(不戰, 不亂, 不統) 1무(無核)의 순위로 표현되는 정책으로서 전쟁(不戰)과 같은 극단적 상황은 물론 정치·사회적 혼란(不亂)이나 무력 통일을 반대(不統)하며 비핵화(無核)

를 추구한다는 것이다. 한반도에서 전쟁이나 대규모 혼란 사태가 일어나면 중국의 경제발전 역시 크게 지장을 받을 수밖에 없다. 또한 한반도가 통일된다면 이는 북한이 주도하기보다는 남한이 주도할 가능성이 높고, 그럴 경우 중국은 압록강·두만강을 사이에 두고 미국과 대치하게 된다. 중국으로서는 최악의 전략적 딜레마에 직면하게 되는 셈이다. 그래서 북핵 문제 해결이 중요하지만 그 과정에서 전쟁이 일어나거나 극심한 혼란이 발생해서는 안 된다는 것이 중국의 한반도 정책의 핵심이 되어온 것이다.

중국 정부의 이런 정책은 한마디로 한반도 분단을 전제로 하는 현상유지 정책이었다. 덩샤오핑 전 주석이 말한 대로 안정이 중국의 최우선 가치(穩定壓倒一切)였다. 그러나 북한이 헌법에 핵보유를 명시한 뒤 이를 뒷받침하기 위해 핵실험과 미사일 발사 등 일련의 군사 도발을 감행했고, 이를 계기로 미국은 최신 무기를 중국의 코앞에 배치하여 미사일 방어망 구축에 박차를 가했다. 또한 일본은 헌법 개정을 통한 집단자위권 행사를 적극적으로 모색하고 있고, 한국 내에서는 핵무장과 미국의 전술핵 재도입 주장도 대두했다. 그래서 중국은 북한의 핵문제가 해결되지 않는 한 한반도의 평화와 안정도 장담하기 어렵다는 판단을 하게 되었다. 북한 문제가 아니더라도 이미 중국의 새 지도부의 어깨에는 무거운 짐이 올려져 있다.

2012년 11월 공산당 전당대회에서 선출되고 2013년 3월 전인대에서 구성이 마무리된 시진핑의 새 지도부는 앞으로 2022년까지 10년

임기 동안 중국에서 전면적 소강사회를 완성해야 한다. 전면적 소강사회에 대한 정확한 개념 규정을 중국 정부가 제시한 적은 없지만 대체로 중국의 1인당 국민소득이 지금 수준에서 두 배로 증가한 상태로 해석되고 있다. 이를 미화로 따지면 1만 달러에서 1만 2000달러 정도에 해당한다. 중국 인구를 13억 5000만 명으로 치면 중국의 국내총생산이 지금의 미국 국내총생산과 비슷하거나 조금 많아지게 된다. 10년 동안 경제규모를 배가하기 위해서는 연 성장률이 7% 이상이어야 한다. 이 정도 성장률은 현재의 중국 경제가 감당할 수 있을 것으로 보는 중국 전문가들이 많지만, 결코 쉬운 일은 아니다.

　지금까지 중국의 경제성장은 정부의 투자 촉진 정책과 무역에 의존해왔다. 그러나 2008년 세계금융위기 이후 무역의 대외환경이 극도로 악화했고 정부의 투자 촉진 정책 역시 많은 경제적 비효율을 낳았다. 시진핑 정부가 국내 시장과 소비 촉진에 경제정책의 사활을 걸고 있는 것도 이 때문이다. 경제에서 대외 부분을 줄이고 국내 소비 비중을 늘리려는 정책은 후진타오 정부 때부터 시작되었지만 그간 성과가 지지부진했다. 세계금융공황에 대처하기 위해 엄청난 규모의 자금을 풀어 성장목표를 달성했지만, 그 결과 부동산 거품이 더 악화되는 등 부작용이 심화됐다. 국가와 국민이 함께 부강해진(富民强國)게 아니라 나라만 잘살고 인민은 가난한(國進民退) 현상이 나타났다. 다시 말해 성장과 분배라는 두 마리 토끼를 꼭 잡아야 하는 게 시진핑 지도부에게는 더는 미룰 수 없는 최대 현안이 되었고, 이를 위해서 국내외의 정치·군사적 안정이 더 절박해졌다는 말이다.

시진핑 지도부에게는 집권 10년 동안 중국을 미국에 버금가는 외교 강대국으로 만들어야 한다는 또 하나의 현안이 있다. 역설적이지만 이를 위해서는 미국의 협조가 필수적이다. 미국이 작심하고 견제할 경우 중국의 부상은 절대 쉽지 않다. 시진핑 정부가 도광양회(韜光養晦) 전략을 쉽게 포기할 수 없는 이유다. 적어도 장차 10년 동안은 미국과 협조하고 공조하는 가운데 자신의 능력을 키워야 한다는 게 시진핑을 비롯한 5세대 지도부의 판단이다. 그런 구상을 구체화한 것이 지난 6월 미중 정상회담에서 합의한 신형대국관계라 할 수 있다.

신형대국관계는 한마디로 중국이 국제사회에서 미국의 우위를 수용하겠다는 의사인 동시에 미국과 공생하겠다는 약속과 마찬가지다. 중국이 처한 국내외의 특별한 여건을 이해하고 지나친 견제와 압력을 자제해달라는 입장을 미국이 받아들인 측면도 있지만, 현재의 국제질서 속에서 중국의 부상을 위해 미국과 협력해야 한다는 중국의 현실적 인식이 바탕에 깔렸다. 미국과의 항구적 공조체제가 아니라 중국의 부상이 마무리될 시점까지 미국과 협력하겠다는 한시적 약속이라는 측면도 간과할 수 없지만, 일단은 미중 공조체제가 21세기 미래 국제사회 질서의 중심이 될 것임을 의미하는 것이기도 하다.

신형대국관계는 한마디로
중국이 국제사회에서 미국의 우위를
수용하겠다는 의사인 동시에
미국과 공생하겠다는
약속과 마찬가지다.

이는 지난 10년 가까이 중국 지도부가 역사 속에서 강대국의 부침을 연구·분석한 결과이기도 하다. 후진타오 시절부터 중국 공산당 정치국은 그 집단학습의 주제를 '강대국의 부침'으로 정하고 여러 차례에 걸쳐 이를 연구해왔다. 그리고 그 결론은 기존 강대국과 신흥 강대국이 서로 협조하지 않으면 신·구 강대국 모두 자멸할 수 있다는 것이었다. 중남미를 방문하고 귀국하던 시진핑 주석이 예정에 없던 정상회담을 제안하고 이를 오바마 정부가 수용해서 캘리포니아 주의 란초미라지 별장에서 미중 정상회담이 성사되었다는 사실을 미루어 보아도 신형대국관계에 대한 중국 지도부의 의욕과 관심을 짐작할 수 있다. 신형대국관계에 대한 양국의 속셈이 어떻든 간에 이것이 중국이 국제사회의 규범과 질서를 받아들이겠다는 약속이라는 점에서 중국의 한반도 정책에 적지 않은 함의를 갖고 있다.

물론 중국이 미국과의 공조체제를 수용했다고 해서 중국의 한반도 정책이 근본적으로 바뀌었다는 결론을 내리는 것은 성급하고 비현실적이다. 중국의 부상이 정착될 때까지 중국의 한반도 정책은 불안정한 모습에서 자유롭기를 기대할 수 없다. 신형대국관계는 이제막 시작 단계로 진입한 것에 불과하며 앞으로 상당 기간에 걸쳐 진통을 겪으면서 그 구체적 모습이 다듬어져나갈 것이다. 그리고 그런 잠정적 기간 북한이 가진 완충지대로서의 전략적 가치 역시 지속될 것이다. 북한의 지나친 도발이 군사긴장을 고조시키지 못하도록 김정은을 설득하고, 필요한 경우 압력을 가하겠지만 그렇다고 북한을 포기하거나 북한에 대한 기존 전략을 근본적으로 변경하는 일을 하지는 않을 것이다. "약탕은 바꾸어도 약을 바꾸지는 않는다(換湯不換藥)"는 말처럼 같은 목표를 추구하되 그 방법이나 수단을 변경하겠다는 게 중국의 생각이다.

그러나 장기적 관점에서 보면 중국의 한반도 정책은 상당한 수준의 변환이 불가피하다. 시진핑이 이끄는 현 지도부의 성격이 그 첫째 이유가 된다. 시진핑을 비롯한 중국의 현 지도자들은 대부분 자수성가형이다. 시진핑만 해도 부친이 당의 최고위급 원로였지만 문화혁명 때 타도당하고 집안이 풍비박산되었다. 1953년생인 시진핑도 고등학교만 겨우 마친 상태에서 시골로 추방되었다. 산시성의 벽촌에서 모든 기득권을 포기하고 6년이라는 긴 세월 동안 시골 농부들과 함께 생활하면서 온갖 고초를 이겨내고 마침내 일어섰다. 단순한 신분 전환이 아니라 아예 출신성분을 바꾸는 환골탈태적 변신에 성공한 것이다. 그러고는 문화혁명 10년 동안 닫혀 있던 대학 문이 열리면서 엄청난 경쟁률을 뚫고 명문 칭화대학에 합격했다.

대학을 졸업한 후에도 베이징의 편안한 직장을 버린 채 지방행을 자원했고, 18년 동안 남부 푸젠(福建)성에 근무하면서 이 지역을 개혁개방의 최첨단 지역으로 만드는 데 크게 이바지했다. 시진핑과 함께 새 지도부의 또 다른 축인 1955년생 리커창도 공청단에서 오래 근무한 후 허난(河南)이나 랴오닝(遼寧) 성 같은, 선부론(先富論)의 혜

택과 비교적 먼 지역에서 근무했다는 점을 제외하면 시진핑과 크게 다르지 않다. 이들은 모두 개혁개방정책이 최전성기를 이루던 시기에 정치경력을 쌓은 후 치열한 경쟁을 뚫고 최고 지도자의 자리에 올라섰다. 모든 기득권을 버리고 사회 밑바닥으로 돌아가 어려운 여건을 극복한 뒤 정상의 자리에 올랐고 서양의 기술과 자본을 도입해서 마침내 중국의 개혁개방을 꽃피우는 데 크게 기여한 것이다.

그런 점에서 28세에 세습적 지도자 자리에 등극한 북한의 김정은과는 극명한 대조를 이룬다. 정책 면에서도 북한이 군사대국이나 핵보유국이 아니라 경제개혁을 추구해야 한다고 믿고 있다. 성장 배경과 경력이 가치관과 통치철학에 미친 영향도 있겠지만, 나이 차이 역시 앞으로 북중관계에 적지 않은 영향을 미칠 가능성을 배제할 수 없다. 1953년생인 시진핑과 1984년생인 김정은 사이에는 30년 이상의 나이 차이가 존재한다. 북·중 지도자들 간에 이렇게 나이 차이가 컸던 적은 일찍이 없었다. 1912년생인 김일성은 1904년생인 덩샤오핑보다 8년 아래였다. 후진타오와 김정일은 1942년생으로 동갑이었다. 나이가 결정적인 변수는 아니라 해도 한 세대 이상의 나이 차이를 넘는 일이 그리 쉽지만은 않을 것이다. 이런 나이와 경력, 가치관 그리고 통치철학에서의 차이가 장차 북중관계에 어떤 영향을 미칠지는 비단 우리뿐만 아니라 중국과 다른 주변국의 정부와 정책 수립 집단 모두의 관심사라 하지 않을 수 없다.

05 중국은 우리에게 무엇인가

중국은 우리에게 한반도 평화와 안정을 추구하는 데 이해관계를 같이하는 이익 당사국인 동시에 궁극적으로는 한반도 통일을 추구해 나가는 과정에서 긴밀히 협력해야 할 전략적 동반자이기도 하다. 또한 중국은 우리에게 교역과 투자의 가장 중요한 상대국이자 동북아시아에서 정치·경제적 다자 협력체제의 구축을 통해 아시아적 패러독스를 극복하고 21세기를 아시아의 세기로 만들어야 하는 공동의 책무를 지고 있는 미래 파트너이기도 하다. 물론 현재는 적지 않은 견해 차이로 갈등을 겪고 있는 게 사실이다. 이는 한중관계가 시기적으로는 냉전과 탈냉전 그리고 냉전 후기적 성격을 동시에 갖고 있고, 지역적으로는 양자 차원을 넘어 다자 차원의 관계가 복합적으로 투영되어 있기 때문이다.

양국관계에서 일차적 관심 대상은 북한의 핵문제라 할 수 있다. 2013년 초 북중관계가 긴장되면서 중국 정부가 한반도 비핵화를 최우선 목표로 설정했다는 보도가 있었다. 그러나 앞서 지적한 대로 시진핑 정부의 북한 핵문제를 보는 시각이 과거보다 좀 더 절박해진 것이 사실이긴 하지만 비핵화가 중국 정부의 한반도 문제 해결에서 안정과 혼란 방지보다 더 높은 순위를 차지하고 있는지는 분명하지 않다.

6자회담 재개를 둘러싼 당사국들의 견해 차이만 봐도 그렇다. 미국 정부와 한국 정부가 6자회담이 재개되기 위해서는 핵활동 동결과 국제원자력기구의 사찰 수용 및 9·19 공동성명이나 2·29 합의와 같은 한반도 비핵화에 대한 명시적 수용을 포함하는 북한의 성의 있는 조치가 필수적이라는 입장을 취하고 있지만, 중국은 이런 조건들보다도 회담 재개에 더 무게를 두고 있다. 중국은 미국과 한국이 제시하고 있는 전제조건들을 북한이 수용할 가능성이 희박한 상황에서, 중요한 것은 회담을 재개하는 것이라고 주장한다. 사태를 방치해서 또다시 긴장이 고조되는 상황을 되풀이하는 것보다는 일단 회담을 재개해서 북한을 대화의 장으로 끌어들인 후 협상을 통해 해결을 시도해야 하는 것이 현실적이라는 생각이다.

중국 정부가 6자회담 재개에 의욕을 보이는 것을 이해할 수 없는 것은 아니다. 6자회담은 처음부터 중국 정부가 주도권을 쥐고 추진했으며, 한반도 문제 해결 프로세스를 중국 정부가 주도하는, 지역 내의 유일한 외교 공간이다. 따라서 중국 정부로서는 6자회담의 재개를 통해 지역 외교에서 자신들의 외교적 입지를 넓히려는 욕심을 갖고 있다. 또한 과거의 경험을 보면 회담이 계속되는 동안에는 북한이 도발을 자제해왔다는 점도 중국으로서는 고려 대상이 아닐 수 없을 것이다. 그러나 중국의 '선 대화 후 조건' 입장에 대한 미국의 반발이 쉽게 누그러질지는 의문이다. 나쁜 행동에 대해 보상하지 않겠다는 입장이 여전하고 북한에 대한 불신의 뿌리가 깊을 뿐 아니라 지금의 북핵 문제는 과거보다 훨씬 더 복잡한 양상을 띠고 있기 때문이다.

북한은 플루토늄 재처리 프로그램뿐 아니라 우라늄 농축 프로그램(UEP)도 갖고 있는데 UEP의 경우 지하시설에 은닉되어 있어 탐지가 쉽지 않다. 만약 미국이 UEP 활동과 시설에 대한 북한의 정확한 공개를 전제조건으로 내걸면 6자회담 재개가 더욱 어려워지고 북핵 해결을 위한 당사자들 간의 실질적 협력도 기대하기 힘들어진다. 북한의 시각에서 봐도 문제 해결의 전망은 그리 밝지 않다. 북한은 이미 핵무기를 보유하고 있으며 이를 포기할 가능성이 대단히 낮기 때문에 6자회담이 재개된다 해도 북핵 사태 해결은 장기화할 가능성이 높다. 결국 과거처럼 6자회담이 진전과 정체를 반복하는 가운데 협상이 교착상태에 빠지고 한반도에서 긴장이 고조될 가능성도 배제할 수 없다.

후진타오 정부는 2009년 5월 북한이 제2차 핵실험을 강행한 후, 핵문제와 북한 문제를 분리한다는 태도를 보여왔다. 이는 핵문제의 해결보다 북한의 안정을 더 우선시한다는 의미였다. 그러다가 2013년 초 북한의 도발이 지속되자 시진핑 정부는 핵문제 해결이 없는 한 한반도의 평화와 안정이 보장되기 어렵다는 입장으로 선회했다. 이른바 "드러난 문제와 근본적 문제를 동시에 해결해야 한다"는 표본겸치(標本兼治)의 입장이었다. 윤병세 외교부 장관이 한중 외교장관 회담 이후 한반도 비핵화가 중국 정부의 최우선 목표라고 말한 것도 이와 궤를 같이하는 것이었다. 그러나 최근 중국 언론보도를 보면 핵과 북한 문제 연계에 대한 입장이 다소 모호해지고 있다는 인상이다. "북한을 포기한다는 식의 주장은 대단히 어리석고 극단적"이라는《환구시보》기사가 중국 정부의 생각을 엿보게 해준다.

중국의 고민은 북한이 핵 포기를 끝내 거부할 경우, 이에 대한 별다른 대책이 없다는 점이다. 그렇다고 중국이 북한에 물리적 행동과 극단적 조치를 할 가능성도 대단히 낮다. 현재의 상태에서 중국 정부가 선택할 수 있는 최선의 방법은 북한이 추가 핵실험이나 미사일 발사 등으로 한반도에서 극단적으로 긴장을 악화시키는 행동을 자제하게 하면서 동시에 점진적으로 북한의 핵 포기를 유도하는 것이다. 2013년 3월 북한 정부가 발표한 핵무장과 경제발전의 병행 입장에서 경제발전으로 무게중심이 옮겨가면서 핵의 비중을 점차 감소시키는 방향으로 유도한다는 전략이다. 그러나 이는 핵문제의 해결이라기보다 해소 전략에 가깝다. 시간도 오래 걸릴 가능성이 농후하다. 결국 미국과 한국 등 당사자들이 이런 중국의 입장을 얼마나 이해하고 지지·수용해줄지가 북핵 사태를 풀어가는 열쇠라 할 수 있지만, 아직 그 전망은 불투명한 상황이다.

북핵 문제 해결에서 한국 정부가 취해야 입장은 중국과 긴밀한 협력을 통해 북한의 무모한 도발을 자제시키면서 동시에 미국과의 협의를 통해 대화와 협상으로 문제 해결을 유도해나가는 것이다. 미국이 고집하는 전제조건들을 북한이 모두 수용할 수 없는 지금의 상황에서는 북한이 우선 그 조건의 일부라도 받아들여 회담이 재개될 수 있는 길을 열고, 일단 회담이 재개되면 미국과 중국과의 협조체제를 가동해서 북한이 핵문제 해결에 보다 적극적으로 나오도록 압박과 유인을 병행해야 한다. 이 과정에서 중국이 북한에 대해 갖고 있는 다양한 압박과 유인 수단을 활용하면서 동시에 우리가 주도적으로 핵문제뿐 아니라 북한 문제도 포함하는 일괄타결안을 마련하여 이를 당사국들과 협의해서 타결의 실마리를 찾아나가야 한다.

중요한 것은 북핵 문제는 누구보다도 한반도와 남북한 당사자의 문제라는 인식이다. 북핵 위협의 최대 희생자는 바로 우리 한국이라는 점과 북한이 얻으려 하는 대가가 미국이 아니라 한국에서 나와야 한다는 점을 분명히 할 필요가 있다. 그것이 문제 해결의 전제라 할 수 있다. 또한 북핵이건 북한 문제이건 이는 궁극적으로 한반도에서 분단을 극복하고 통일의 길을 열어가는 하나의 과정이 되어야 한다는 점이 전제되어야 한다. 다시 말해 한중협력은 북핵 문제와 북한 문제는 물론, 통일 문제를 논의하는 과정의 일부로 이해되어야 한다.

통일에 관한 중국의 입장은 과거와 상당히 달라지고 있다고 볼 수 있다. 통일 논의 자체를 금기시했던 과거와는 달리 현재는 통일에 대한 공개적 논의의 문호가 조금씩 열리고 있다. 중국 정부가 통일을 시급한 현실로 인식하고 있는 것도 아니고 통일 논의를 금기시하는 기존 입장을 완전히 바꾼 것도 아니긴 하지만, 적어도 중국

내부에서 한반도 분단의 현상유지와 갈등구도의 관리라는 소극적 차원을 넘어 통일의 가능성에 대비해야 한다는 인식이 과거보다 눈에 띄게 높아지고 있다는 점은 미래 한중관계에서 대단히 중요한 의미가 아닐 수 없다.

중국의 통일에 대한 입장 변화는 2013년 6월 말 박근혜 대통령의 중국 방문을 계기로 더욱 구체화하고 있는 것으로 보인다. 한 예로 한중 정상회담, 특히 박근혜 대통령과 시진핑 국가주석 간에 있었던 비공식 오찬 자리에서 양국 지도자들은 통일에 대해 상당 수준의 의견 교환을 했던 것으로 알려졌다. 그 구체적 내용이 공개되지는 않았지만, 양국 정상이 통일 문제에 대해 의견을 교환했다는 사실 그 자체만으로도 매우 중요한 의미를 부여할 수 있다.

우리 입장에서 보면 중국에서의 통일 논의에서 중국의 북한 포기가 전제되는 것은 바람직하지도, 현실적이지도 않다. 중요한 것은 중국 정부의 한반도 정책이 냉전적 사고의 틀에서 좀 더 자유로워지고 중국 정부가 한반도 분단 현상의 타파와 지속 가능한 평화체제 구축에 대해 적극적인 태도를 보이는 것이다. 그런 상황이 가능하도록 한중관계를 발전시켜나가는 것이 이제 또 다른 수교 20년을 향해 나가는 양국이 당면한 과제라 할 수 있다.

06 한중관계 3.0 시대

지난 20여 년 동안 여러 단계를 거처 성장해온 한중관계는 그 시기적 특징에 따라 각기 다른 이름으로 규정되었다. 노태우 정부와 김영삼 정부 때는 '교류와 협력의 시기'였고 김대중 정부 때는 '전면적 교류 협력의 시기'로 불렸다. 노무현 정부에서는 '협력 동반자 관계'라는 이름을 붙였고 이명박 정부는 '전략적 협력 동반자 관계'로 불렀다. 새 정부가 등장할 때마다 이전 정부와 차별화하기 위해 새로운 간판을 내건 것이다. 그러나 박근혜 정부는 새로운 간판을 내걸지 않고 그 대신 전략적 협력 동반자 관계를 내실화하는 것을 임기중 목표로 내세웠다. 한중관계가 새로운 간판을 내걸었다고 해서 그 내용이 크게 바뀌지는 않을 것이기 때문이다.

그러나 지금은 양국관계의 내용이 크게 변하고 있다. 교류와 협력의 시각에서 보면 양국관계는 지금 제3의 단계에 진입하고 있다. 한중관계 3.0시대가 시작된 것이다. 한중관계 1.0시대가 상품이 오가는 경제 교류의 시대였다면, 한중관계 2.0시대는 사람이 오가는 인적 교류의 시대였다. 수교 초기에 63억 달러에 불과했던 양국 간 교역이 이제 2200억 달러에 달했고 2015년이면 2500억 달러를 넘게 될 전망이다. 인적 교류는 2013년 9월 현재 매일 2만 명 이상의 사람들이 양국을 왕래하고, 이를 위해 일주일에 800편 이상의 여객기가 취항하고 있다. 유학생의 숫자도 각각 6만 명 이상에 이른다. 그러나 2013년 6월 박근혜 대통령의 중국 국빈방문으로 그 막을 올린 한중관계 3.0시대는 서로 마음을 열고 믿음을 쌓아가는 시대다. 상품과 사람이 이동하는 시대를 넘어 서로 상대방의 정치·사회·문화·예술에 대한 이해를 바탕으로 신뢰를 구축하는 시대다.

2013년 9월, 서울에서 한중공공외교포럼이 열렸다. 한국의 국제교류재단과 중국의 공공외교협회가 주관한 이 모임은 한중관계 3.0시대의 개막을 알리는 첫 모임이었다고 할 수 있다. 박근혜 대통령과 시진핑 주석이 정상회담에서 양국 미래비전 구상의 일부로 추진키로 합의한 여러 행사 중 첫 번째 행사였다. 정부 대 정부의 교류 혹은 엘리트를 상대로 하는 홍보 차원의 행사가 아니라 양국에서 사회 저변에 있는 보통 사람들이 서로 마음을 열고 소통하면서 상호이해와 신뢰를 쌓아가는 새로운 시대의 개막을 의미했다. 그동안 급속히 팽창한 경제 교류와 인적 왕래를 통해 불어난 덩치에 걸맞은 내면을 충실히 채우는 작업이 시작된 것이다. 늦었지만 대단히 고무적인 일이라 할 수 있다.

돌이켜 보면 1992년 수교 이후 지난 20년 이상의 긴 기간 동안 양국은 급속한 성장 과정에서 많은 문제를 경험했다. 고구려 역사 문제를 둘러싼 논쟁이 있었고 마늘 수입을 둘러싸고 일어났던 무역분쟁도 있었다. 또한 베이징 올림픽 경기 개막식 직전에 있었던 성화 봉송 때의 충돌, 단오제 유래 논란, 유네스코 문화유산 지정 때 벌어졌던 양측의 감정대립 등도 양국관계를 긴장시키고 어렵게 만들었다. 이들 문제가 생겨난 데에는 다양한 배경이 있겠지만, 시야를 넓혀보면 양국 간 눈에 보이지 않는 불신이나 편견, 오해에서 비롯된 측면 또한 부인하기 어렵다. 한마디로 서로 간에 믿음이 쌓이지 않았기 때문이다. 양국관계가 외적으로 성장한 만큼 그 성장을 뒷받침할 수 있는 내적인 충실함이 없었기 때문이다.

국가 간의 관계에도 영혼이 존재한다. 이 영혼은 역사와 문화에 뿌리를 내리고 자란다. 역사·문화적 정신(historical and cultural spirits)이라고도 할 수 있다. 일시적으로 나타났다가 사라지는 것이 아니라 오랜 역사의 흐름을 통해 문화를 관통하는 도도한 흐름이라 할 수 있다. 국민의 선택에 따라 수시로 바뀌는 정부의 부침과는 상관없이 국민들의 의식구조 속에 자리하는 상대방에 대한 집단적 태도를 말한다. 어떤 국가나 민족이 잘 뭉쳐 있고 연대의식이 강하며 통합이 잘되어 있다고 하는 것도 따지고 보면 국민들의 의식구조에 공동체 의식이 정착되어 있기 때문이다. 똑같은 이유로 국가 간의 관계에서도 이런 공동체 의식이 확산되어 있어야 그 관계가 일시적인 현상에 의해 흔들리는 것을 막을 수 있다. 막지 못한다고 해도 그 정도를 줄일 수 있다. 상호신뢰의 뿌리가 약한 국가 사이에서 공동체 의식의 정착을 기대할 수는 없다.

이제는 한중관계에도 영혼을 불어넣어야 한다. 서로를 향해 마음을 열고 믿음을 쌓아가야 한다. 그렇게 해서 장기적으로 신뢰공동체(trust community)를 만들어나가야 한다. 국가관계에서 국가이익을 무시할 수는 없지만, 눈앞에 보이는 국가이익 손익계산을 넘어 공동체적 비전에 대한 믿음이 확고할 때 양국관계에서 신뢰공동체적 연대가 가능해진다. 그래야만 중국은 양국 차원, 한반도 차원에서 그리고 지역 차원에서 우리의 진정한 동반자가 될 수 있다. 경제협력에서 서로 윈-윈 하여 한반도 평화와 번영을 추구하고, 궁극적으로 통일을 향해 험난한 길을 함께 가는 동반자가 될 수 있다. 한반도에서 동맹과 동반자 관계의 차이를 따지고 통일국가의 등장이 나에 대해 어떤 손해와 이익을 초래할지를 따지는 한 통일은 요원해지고 한국과 중국의 양국관계 역시 협력과 불협화음을 되풀이할 수밖에 없다. 한중관계 3.0시대는 이러한 여정의 토대를 쌓은 시대로 역사에 남아야 한다.

Ⅱ

무엇이 한중관계를
불안하게 하나

셰칭쿠이 (谢庆奎, 베이징대학 중국정치발전 및 정부관리연구소장)

한·중 간에는 유구하고 우호적인 '인문 공감대'도 있지만,
2차대전 이후의 유쾌하지 못한 기억도 있다.
세계화와 현대화로 상징되는 오늘날,
우리는 각자의 부담을 내려놓고 현재를 살피며 세계를 향하여
미래를 공모해야 한다.

01 한중관계 발전의 불안 요소

한중관계는 1950년부터 오늘날까지 대체로 3단계로 나누어 볼 수 있다. 1950년부터 1978년까지는 전쟁과 적대 상태에 있었고, 1978년에서 1992년까지는 적대 상태가 다소 완화되면서 민간인 왕래와 간접적인 경제 교류가 시작되었다. 1992년 양국 국교수립 이후 오늘날까지는 상호 정치 신뢰가 높아지면서 경제 교류도 급속하게 확대됐을 뿐만 아니라, 인문 분야 교류 역시 빠르게 확대되어 일반적 양국관계를 초월하는 수준까지 도달했다.

한중수교 21년 이래로 양국관계는 정치, 경제, 인문 등의 영역에서 중대한 발전을 이루었고, 아울러 양국 정부 및 학술계에서도 광범위한 교류가 있었다. 정치 영역에서 21년간 한·중 국가원수와 정부 수뇌부가 56차례의 고위층 교류와 정기적인 상호 외교방문기구 회담을 진행했다. 양국관계는 우호협력 관계에서 전략적 협력 동반자 관계로 발전하면서 상호 정치적 신뢰를 강화했다.[1] 경제 영역에서 한국과 중국은 현재 상호 제1의 파트너와 제3의 파트너가 되어 2011년 양국 무역액은 2206.3억 달러에 이르렀다. 이는 1992년의 35배로서 양국의 경제협력이 간단한 무역왕래에서 시작해서 포괄적인 투자, 금융, 물류 등 각 영역의 전면적인 경제협력으로까지 발전한 것이다.[2] 인문 영역에서는 교육, 매스컴, 문예, 체육 등 다방면에서 광범위한 협력과 인적 교류를 지속해서 확대시켜나갔다. 2011년 양국의 인적 왕래는 640.5만 명에 이르렀고 매주 약 830차례의 정기 항공편이 양국의 대·중·소도시를 왕래하고 있다. 또한 양국은 상호 제1의 유학생 파견 국가다.[3]

한중관계의 발전은 대부분 경제발전과 대(對)북한 정책의 필요에 기초하고 있다. 한국 경제는 정부 주도형 모델과 경제 기술 측면에서 중국 경제발전에 유익한 경험을 제공했고, 중국은 한국에 상품, 자본, 기술의 수출 시장을 제공했다. 이에 양국의 경제 관계는 신속하게 발전했다. 정치·외교 방면에서는 어떻게 북한과 화해하고 전쟁위협을 제거하며 평화통일을 실현할 것인가가 한국에게 최우선으로 중요한 정치·외교 과제다. 한국과 중국은 이러한 방면에서 공동의 이해관계를 갖고 있는데, 이는 한·중 정치에 있어서 상호신뢰의 기초다. 인문 관계 방면에서도 양국 간에는 지리·문화적으로 서로 가깝고 역사 관계도 비교적 풍부하며 인적 교류도 급속히 증가했다. 21년이라는 짧은 시간을 통해 양국관계는 지속적으로 발전했다. 이는 양국 국민들에게도 여러 면에서 도움이 된 축하할 가치가 있는 일이었다.

그러나 한중관계는 지속적인 발전에도 불구하고, 다음과 같은 불균형적이고 불안정한 우려 지점이 존재한다. 첫째는 역사인식에 대한 엄중한 불일치다. 둘째는 정치적 상호신뢰 면에서 한미동맹, 대북정책, 대일관계의 인식에 영향을 받고 있다는 것이다. 셋째는 경제 관계에서 양국의 상품 무역과 투자 방면에 존재하는 불균형이다. 넷째는 한·중 양국이 서로를 이해하는 데 있어 자국 중심의 시각을 벗어나지 못하고 있다는 것이다.[4] 중국 학자들의 가장 관심 있는 의제는 바로 한중관계에 있어 이러한 4개 방면의 불안정 요소를 어떻게 인식하고 대응해야 한중관계를 보다 바람직한 방향으로 빠르게 발전시킬 수 있을 것인가 하는 것이다.

02 공통된 역사인식은 장밋빛 미래를 만들 수 있을까?

한·중 양국은 역사 문제에 대해서 부합점이 비교적 많다. 부합점은 역사의 공통된 인식으로서, 이에 대해 서로 일치하거나 비슷한 부분을 뜻한다.

첫째, 한·중은 동아시아 유가 문화권이다. 동아시아 유가 문화권의 주요 범위는 한국, 중국, 일본, 북한으로서 이들 국가는 역사적으로 유교 경전과 인문 정신 교화 및 국민통치에서 어느 정도 공통성을 형성해왔다. 특히 한·중 유교 문화의 공통성은 유가 윤리를 일상 생활의 윤리로 삼아서, 가정의 가치를 중시하고 단체 협동 정신 및 사회질서와 화해를 중요시했다.[5]

둘째, 한·중은 한자 문화권이다. 한국 성균관대학교 한문교육학과 진재교 교수는 "전(前)현대 동아시아 한자 문화권에서 한국과 중국 사이에는 수천 년의 역사적 관계가 있었다. 이러한 연계는 19세기 후반까지 지속되었고 중국 중심의 동아시아 한자 문화권 질서가 서방으로부터 충격을 받아 붕괴하기 전까지 이어졌다. 한반도에 출현했던 몇몇 국가는, 과거 역사에서 중국의 거대한 영토에 존재했던 국가들과의 관계가 무엇보다 중요했다. 그들은 때로는 대립과 충돌을 하고, 때로는 공존과 공감대를 이루면서 수천 년의 역사적 관계를 유지했다. 그리고 이 관계가 현재에도 여전히 존재하고 있다는 점이 아주 중요하다."[6] 고 말한다.

진 교수의 말은 일리가 있다. 사실 한국은 문자 창립 이전에는 문헌 정리와 역사 기록 등 모든 것을 중국의 고한자(古漢字)에 의지했다. 1443년 세종대왕의 '훈민정음' 창제 이후 비로소 언어에 맞는 문자계통을 갖게 되었다. 그러나 '훈민정음'은 반포 이후 바로 전국적으로 확대되지 못했다. 조선 양반 계층 관원 귀족들의 일상과 정식 서적 문체에서는 여전히 고한자 사용이 유지되었다. 한국의 경전 문헌인《퇴계전서》《율곡전서》《연행록》등에서도 모두 고한자를

사용했다. '훈민정음'의 자모 계통은 20세기 초가 되어서야 비로소 폭넓게 사용되었다.[7]

셋째, 한·중 간에 존재하는 '인문적 공감대'다. 문자는 문화의 중요체제로서 한자는 한·중 문화를 연결하는 하나의 중요한 공감대다. 유가 문화와 유가 윤리 사상은 한국과 중국의 국민 가치관과 생활습관에서 하나의 중요한 공감대를 형성하고 있다. 한·중 간에는 자연환경이 연결되어 상호 영향을 막을 수 없는 것과 같이, 계산할 수 없는 역사 관계도 중요한 하나의 공감대라고 할 수 있다. 2013년 초, 한국의 박근혜 대통령은 취임 이후 중국과의 관계를 아주 중요시했다. 한·중 양국관계 발전 연구를 객관적으로 평가하며 한국 정부는 먼저 '인문 공감대'라는 개념을 제시했다. 중국 정부와 학술계는 이러한 움직임에 대해 관심과 동의를 표시했다.[8] '인문 공감대' 개념은 실제적으로 포괄적인 문자, 문화, 사상과 역사 관계를 포함하는 고차원적 역사의 공통인식을 반영한다고 할 수 있다.

넷째, 일본 군국주의 침략과 강탈이다. 19세기 말~20세기 중반까지 일본 군국주의자들은 여러 차례 한국과 중국을 상대로 침략전쟁을 일으켰고 장기간 식민지로 점령하여 남경대학살 등의 만행을 자행했으며, 화학세균무기 등을 시험·제조하는 등 영원히 용서받지 못할 전쟁범죄를 저질렀다. 괘씸하게도 대부분의 일본 정부, 특히 최근 아베 신조 정부는 한국과 중국 및 아시아 기타 국가들에 대한 침략행위와 전쟁범죄를 공공연히 부인하고 있다. 양국은 이러한 상황들에 함께 직면했을 뿐만 아니라 일찍이 어깨를 나란히 하면서 일본 침략에 대해 함께 저항하고 반격한 경험도 있다. 이러한 점들은 한·중 양국의 가장 중요한 역사적 공통인식일 뿐만 아니라, 양국이 전략적으로 협력하고 경계하여 일본의 군국주의 부활을 반격하기 위한 정치적 기초라고 볼 수 있다.

이상의 네 가지 역사 공통인식이 한·중 양국의 역사 불일치를 해소할 수 있을지는 양국 정부의 견해와 학자들의 태도에 달려 있다. 양국 정부는 이미 2004년에 역사인식 문제를 구두로써 냉정하게 해소했고, 고대사 등 현안의 한중관계 발전을 방해하는 걸림돌을 방지하기 위해 노력하기로 했다.[9] 그러나 이것만으로는 부족하다. 양국 정부는 반드시 서면으로 협의하고 법률문서를 만들어 국가와 국민들 사이에 약속을 이행하도록 해야 한다. 한·중 양국 학자들이 역사 문제를 학술적으로 연구하는 건 자유롭게 보장되어야 하지만, 앞으로 학술 문제를 정치화하거나 역사 문제를 현재의 문제로 삼아서는 안 된다. 더욱이 양국 전문가들의 허락 없이 국제적으로 인정하는 역사 연구를 외교 문제에 포함시킨다면, 이는 양국관계 발전을 저해할 것이기 때문에 반드시 피해야 할 사항이다.

03 정치적 신뢰 강화와 전략적 동반자 관계 설정

한국 성균관대학교 중국연구소 소장 이희옥 교수는 다음과 같이 지적했다. "정치 영역에서 2012년까지 한·중 양국은 약 60여 차례 수뇌부회담을 진행했다. 수뇌부회담에서 일종의 소통기구를 만들어 소통 부족에서 오는 위험을 예방하고 문제가 발생하면 신속하게 처리할 수 있었다. 2013년 6월까지 양국은 외교부장관 회담에서 여섯 차례 실무 교류와 부부장급 전략적 대화를 진행했다. 특히 양국은 가장 민감한 부분인 군사와 국방 분야에서도 교류를 시작했으며, 인적 교류와 정책 실무형 교류에 이어 교육과 연구 영역 교류까지 진행했다. 또한 양국은 2011년에 부부장급 국방대화를 제도화했다."[10] 이희옥 교수는 한중 정치발전 관계의 과정을 [표](52쪽)와 같이 기술했다.

이 교수의 견해는 한·중 양국 간에 '전략적 협력 동반자 관계'의 보강이 필요하다는 것이다. 즉 '비동맹·비적대적·제3국에 대한 불대치'[12] 및 위기처리로는 부족하기 때문에 진정한 '전략적 협력'과 '동반자 관계'를 구현해야 하고 충실하고 구체적인 내용이 필요하다는 의미다. 이는 양국이 정치적 상호신뢰를 강화하면서 '미국 요소' '북한 요소' '일본 요소'를 합리적으로 처리해야만 비로소 진정한 '전략적 동반자 관계'를 실현할 수 있음을 의미하는 것으로 매우 중요한 지적이라고 할 수 있다.

[표] 한중 정치 관계의 발전 과정[11]

단계	시기	중국 요소	한국 요소	비고
선린 우호 관계	1992	• 개혁개방정책 • 중간기술 확보 • 타이완 견제	• 북방외교 • 국제 지위 확보	노태우 정부와 장쩌민 정부 제1기 체제
협력 동반자 관계	1998	• 책임대국론 • 미국의 일방주의 견제 • 다극화 전략	• 신대북정책 • 경제협력	김대중 정부와 장쩌민 정부 제2기 체제
전면 협력 동반자 관계	2003	• 평화굴기와 평화발전 • 6자회담	• 북핵 문제 해결 • 균형외교	노무현 정부와 후진타오 정부 제1기 체제
전략적 협력 동반자 관계	2008	• 한미동맹 견제 • 조화외교 • 외교 영향력과 호소력	• 한미동맹 및 • 한중관계 동시 강화	이명박 정부와 후진타오 정부 제2기 체제
전략적 협력 동반자 관계 충실화	2013	• 신대국론 • 동아시아 전략 • 한중FTA	• 한중관계 강화 • 한반도 비핵화	박근혜 정부와 시진핑 정부 제1기 체제

소위 '미국 요소'에서 중요한 점은 한미동맹과 미국의 대북한 적
대정책이다. 한미동맹은 2차대전 이후 한국전쟁과 동서 진영 냉
전의 결과로서 당시 약소국이었던 한국이 강대국인 미국과 부득
불 동맹을 결성하여 안전을 보장받아야 했던 것으로 이해할 수 있
다. 1953년부터 2013년까지 한미동맹 60년의 중요한 고리는 군사
동맹이다. 김대중·노무현 정부 때는 북한에 대한 '햇볕정책'과 '대
미관계의 자주적 노력'을 제시하면서 한미동맹에 작은 파열이 나기

도 했다. 이명박 정부는 대북한 강경노선과 적극적인 친미정책을 실시했다. 2008년 미국 부시 대통령과 '전략적 한미동맹' 관계 수립을 합의하면서 '가치' '신뢰' '평화'를 표방했으나 압도적인 비대칭 문제와 냉전의 잔존 문제들을 심화하면서 새로운 불안정 형세를 만들기도 했다.[13]

　　박근혜 대통령은 취임 이후 한·미 간 균형외교를 추진했다. 이것은 시대적 흐름에 맞춘 행보이지만 이러한 균형외교의 기초는 아직 믿음직스럽지 못하고 불안정하다고 할 수 있다. 균형외교의 기초를 굳건히 하고자 한다면 최소한 세 가지 조건이 필요하다. 첫째, 한중 전략적 동반자 관계와 한미동맹이 상호손해가 없는 거리를 유지해야 한다. 둘째, 한국은 미국이 중국을 봉쇄하는 데 선봉대가 되어서는 안 되고 중립 태도를 유지해야 한다. 셋째, 한국은 절대로 미국이 우선 제기한 일본과의 '한일비밀군사협정' 협의를 따라서는 안 되며[14] 일정한 거리를 유지해야 한다. 이러한 세 조건을 지키는 것은 한국 균형외교에서 중요한 의미다. 만약 이 조건들을 지키고자 한다면 한·중 간 전략적 상호신뢰를 계속 추진해야 한다. 만약 양국 사이에 불신이 존재한다면 어떠한 일도 이룰 수 없고 어떠한 주장도 무의미한 얘기가 될 것이다. 한국의 이익에 손해를 주는 북한을 중국이 보호할 리 없으며, 현재도 한국과 북한 사이에서 거리를 유지하고 있다. 또한 미국 및 일본과의 관계로 인해 한국의 이익에 손해를 주는 일은 없을 것이다. 중국은 이러한 사실들을 틀림없이 이해하고 있다. 반대로 한국은 한미동맹을 강화하기 위해 혹은 미국의 압력 때문에 때로는 중국의 이익을 손상시킬 가능성이 있다. 중국은 이럴 가능성이 일어나지 않기를 희망하지만, 발생 가능한 일이다.

소위 '북한 요소'는 북한 정부의 정책 변화 및 한국, 중국, 미국의 대북한 정책 요소를 말한다. 북한은 주권국가로서 주권과 안전, 영토 수호에 있어 당연히 존중과 보호를 받아야 한다. 중국은 자연환경이 서로 연결된 이웃국가로서 북한을 돕고 보호하는 것이 이치에 맞다고 생각한다. 최근 북한의 일부 정책들은 시대조류에 어긋나고 있어 비판을 받는 것이 당연하다. 전쟁 위협과 빈번한 육해공군 훈련을 진행하여 한반도 형세에 지속적인 긴장을 조성해서는 안 된다. 하지만 한반도 긴장 국면 조성의 책임은 북한도 피할 수 없고 한국, 미국, 일본도 책임을 벗어날 수 없다.

이러한 상황에서 중국은 정치회담 실시와 군사위협 반대를 강하게 주장할 수밖에 없다. '천안함 사건' 발생 이후 한국은 중국의 북한 편들기를 지적하면서 양국관계에 영향을 주었다. 이것은 정치적 신뢰감 부족에 따른 표현이다. '천안함 사건' 진상과 관련해서는 사실에 따라야 하는 것이 당연하다. 미국이 주장하는 패권주의 언행을 모두 믿을 수는 없다. 예를 들어 미국은 이라크 사담 후세인이 대량의 화학무기를 숨겨두었다고 했다. 결과적으로 사담 후세인을 죽이고 이라크를 점령했으나 화학무기는 찾지 못했다. 최근에 또 시리아 정부가 화학무기를 사용했다고 했는데 러시아 푸틴 대통령은 미국의 증거를 '온통 헛소리'라고 질책하면서[15]가능성은 있다고 했다. 전략적인 상호신뢰는 객관적 사실을 존중하는 것이며, 그러지 않으면 조금도 믿을 수 없다. '북한 요소'는 한중관계에 영향을 줄 수 있지만, 전략적인 상호믿음이 있다면 차이점을 해결할 수 있을 것이다.

'일본 요소'는 한중관계에서 더욱 민감하다. 양국은 일본의 침략에 의한 고통을 엄중하게 경험했고 일본 군국주의에 대한 고도의 경계심을 가지고 있다. 이것은 한·중 양국의 공동운명이자 공동입장이다. 이러한 상황에서 몇 가지 문제로 한중관계가 큰 영향을 받는 것은 아니지만, 현재 두 가지 문제가 주의를 불러일으키고 있다.

첫째, 한미동맹과 미일동맹의 존재다. 이는 미국이 모든 방법을 통해 한국, 미국, 일본을 하나로 끌어들이기로 결정한 것으로 신(新)동맹과 신방어선을 조성하여 북한을 압박하고 중국을 봉쇄하며 러시아에 대응하기 위한 것이다. 만약 한미일 동맹이나 한일동맹이 출현한다면 반드시 중국의 이익에 손해를 주고 한반도 형세에 위협을 줄 것이며, 특히 일본의 군국주의 부활을 가속화하여 세계평화를 위협할 것이다. 이러한 상황이 된다면 중국은 퇴로에 몰려 거세게 저항할 것이다. 또 한중관계는 전략적 협력 관계를 유지할 수 없고 적대적인 관계로 변화할 것이다.

둘째, 일본의 행동이다. 일본은 아시아 각 국가의 반감에 직면하여 대책을 준비할 것이다. 즉 원교근공(遠交近攻, 먼 나라와 친교를 맺고 가까운 나라를 공격한다) 혹은 근교원공(近交遠攻, 가까운 나라와 친교를 맺고 먼 나라를 공격한다)으로, 그리고 재정적 도움을 주어서 자기편으로 만들거나 상대방을 분열시키는 등 모든 수단을 동원할 것이다. 미국의 유도와 유혹 및 압력하에서 한·일 간에는 비밀담판과 막후교역이 진행될 가능성도 있다. 이 과정에서 '비밀보호협정'을 체결할 가능성도 존재한다. 이는 당연하게 중국의 이익에 엄중한 손해를 끼칠 수 있다. 한국 정부가 이렇게 하지는 않을 것이라 믿는다. 만약 미국과 일본이 음모하여, 앞에서 언급한 상황이 발생한다면 한·중 간에는 전략적 협력 동반자 관계가 더는 존재하지 못할 것이다.

'미국 요소' '북한 요소' '일본 요소'에서 가장 큰 문제는 미국 요소다. 미국은 전 세계 패권과 아시아 제패를 위해 동아시아에서 일본을 육성하고 한국을 미국 편으로 끌어들였다. 또한 중국과 러시아를 봉쇄하고 북한을 압박하며 동아시아에 긴장 국면을 조성하고 있다. 일본은 평범한 국가가 아니다. 미국의 지지에 의지하여 점점 세력을 확대하면서 미국이 동아시아를 위협하는 데 주요 공범 국가가 되었고 한국과 중국도 심각하게 위협하고 있다. 일본은 세력을 확대하기 위해 우선 예봉을 한국과 중국, 북한에 겨누고 자신들이 꿈꾸던 '대동아 공영권'을 실현하려고 한다. 만약 일본이 동아시아에서 세력을 확대한다면 다음 목표는 오히려 미국이 될 것이다. 미국이 쉽지 않은 대가를 지급할 가능성도 있다. 제 발등을 찍을 가능성이 있다는 것이다. 미국은 이미 약 70년 동안 지속해서 강성해왔지만 100년을 초월할 수는 없을 것이다. 하지만 미국이 만약 동북아 패권

장악을 위한 긴장 국면 조성 움직임을 멈춘다면, 한·중 간에도 비로소 진정한 정치적 상호신뢰가 강화되고 명실상부한 전략적 협력 동반자 관계가 유지될 수 있을 것이다. 현재 정세하에서 한·중 간에 정치적 상호신뢰를 쌓을 수 있을지 없을지에 대한 중국인들의 우려는 한국인들보다 분명 크다고 할 수 있다.

04 경제 분야 불안정 요소와 해결 방안

이희옥 교수는 한중관계 발전에 대해 다음과 같이 설명했다.

"양국관계 발전의 가장 뚜렷한 성과는 우선 경제 영역에서 구체적으로 드러나고 있다. 2011년 양국의 무역 규모는 2207억 달러(홍콩과 마카오를 통한 무역액을 포함한 중국의 통계자료에 의하면 2456억 달러)로 수교 초기와 비교해서 34.5배가 증가했다. 중국은 이미 한국의 최대 수출 및 투자 대상국이며, 한국도 중국의 세 번째 무역 동반자, 네 번째 투자 대상 국가가 되었다. 주목할 점은 한국 입장에서 현재의 대중(對中) 무역 규모가 대미(對美)와 대일(對日) 무역 규모 총액보다 크다는 사실이다. 실제 한국의 경제발전은 중국 경제로부터 매우 큰 이익을 얻고 있다. 중국도 상호 보완적인 한중무역을 통해서 지속적으로 발전하면서 양국 모두가 이익을 얻었다. 2012년 한중FTA 정부 간 협상이 정식으로 시작되었고 새로운 경제 관계의 청사진을 그리고 있다."**16**

한중수교 이후 20여 년간 경제 관계 발전은 확실히 매우 빠른 속도로 진행됐다. 상호 무역과 투자를 대표로 양국 모두가 이기는 결과를 얻었다고 할 수 있다. 정말 칭찬받을 만한 대단한 일이다. 이희옥 교수도 솔직하게 한국의 경제발전은 중국 경제에서 도움을 받았다고 인정했다. 이전 20년 경제 교류는 양국 모두가 상호 혜택을 주고받은 것이었다. 그러나 그것이 균형적이었는지, 평등했는지에 대해서는 부정적이다. 한중경제 관계의 발전은 불평등하며, 주로 무역과 투자, 배타적 해양경제 등에서 문제가 나타난다.

첫째, 양국 무역에서 불균형이 심각하다. 중국의 대한국 무역수지 적자는 장기간 고공행진하고 있다. 1992년 한중수교 이래로 한국의 대중 수출액은 고속 성장했으나 중국의 대한국 수출 증가는 빠르지 않았다. 중국의 대한국 무역적자는 매년 확대되고 있는 추세다. 1990년 이전 중국의 대한국 무역수지 적자는 매년 100억 달러가 안 되었으나, 2000년에는 119.2억 달러, 2003년에는 200억 달러를 돌파하여 230.3억 달러에 이르렀고, 2004년에는 344억 달러, 2005년에는 400억 달러를 돌파하여 417.2억 달러에 이르렀다.**17** 이러한 국면이 형성된 주요 원인을 세 가지로 볼 수 있다.

①양국 수출입 상품 구조의 차이다. 한국은 중국으로 자동차, 철강, 전자제품, 통신기재 등 고부가가치의 공업 제품을 수출하지만, 중국은 주로 농산품, 광산 계통의 자원 제품, 부가가치와 기술 함량

이 낮은 제품들을 수출하고 있다. 이는 중국의 대한국 수출의 한계다. ② 한국이 중국에 대해 채택하고 있는 '조정관세'를 포함한 각종 무역 불균형 조치가 중국의 대한국 수출을 제약하고 있다. ③ 한국의 중국 상품 수입 태도가 소극적이며 국민들 사이에서도 저항이 매우 크다는 것이다. 사회단체들의 소비자 운동도 꾸준한데, 거기에는 '신토불이(身土不二)' 등의 배외주의 사상의 뿌리가 깊다.

둘째, 양국의 투자 불균형이다. 중국의 대한국 투자는 감소했다. 2005년 말 중국의 대한국 투자항목은 약 90여 개로 실제 투자금액은 겨우 11.5억 달러였다. 이는 한국이 중국에 투자한 금액의 38분의 1 그리고 한국의 실제 중국 투자 금액의 26분의 1이었다.[18] 이러한 원인은 시장 규모가 다른 데서 찾을 수 있다. 중국의 시장 규모는 크지만 한국의 시장 규모는 작다. 특히 한국은 노동의 질은 높지만 노동조합 역량과 배외사상이 아주 강하다.

한중무역과 투자 방면의 불균형은 객관적 요소(중국의 시장 수요와 양은 크지만 한국의 시장은 수요와 양이 적다)를 제외하면 바로 주관적 요소에서 찾아볼 수 있다. 주관적 요소에서는 정부 태도가 매우 큰 문제로서, 적극적으로 수출을 추진하지 않고 제한적 조처를 한다면 수입과 무역 모두 불리할 수 있다. 특히 국민들의 저항과 '신토불이'라는 배외사상, 사회단체들의 강대한 역량도 정부 태도로 보아야 한다. 만약 정부가 마음을 먹고 약간의 상응하는 조치와 규칙을 제정한다면, 국민들이 소요를 일으키는 큰일은 일어나지 않을 것이다. 정부는 이러한 일과 관련해서 다양한 홍보활동을 통해 국민들의 의식과 태도를 천천히 바꾸도록 노력해야 한다.

셋째, 양국은 각자 약간의 문제를 갖고 있다. 중국은 한중무역에 대해서 투자 감소와 거시적 조정을 통해 자유방임하고 있지만, 지방들은 경쟁 하락과 형식주의 등을 해결하기 위해 다방면으로 노력하고 있다. 중국의 투자환경은 여전히 개선이 필요하다. 한국의 중요 문제는 대중국 무역에 있어 투자병목 현상과 무역 및 투자기술층의 함량 하락 그리고 열정 감소로 느슨해지고 있다는 사실이다. 이 문제의 주요원인은 중국의 발전으로 인한 '국내 산업 공동화'를 걱정하기 때문이라고 볼 수 있다. 이러한 상황에 대해 정부는 적극적으로 개입해야 한다. 무역수지 적자 확대와 투자 불균형 간의 문제를 우선 해결해야 하고 환경개선, 조건 창조, 경제정책 조정, 경제 관계의 합리적 처리를 통해서 한중무역 및 투자가 더 큰 규모로 장기적이고 안정적이며 균형적인 발전을 이룰 수 있도록 해야 한다. 그렇지 않으면 경제성장이 후퇴하거나 정체하는 곤란한 상황을 맞이할 가능성도 있다. 이는 양국 모두에게 백해무익한 일이다.

경제 영역에 존재하는 또 하나의 불안정 요소는 배타적 해양경제 수역 논쟁과 관련된 지역적 어업분쟁이다. 한국의 황해와 중국의 동해는 서로 이웃하고 있는 해역이자 중첩된 배타적 해양경제 지역으로서 해양자원의 개발과 이용에 따라 양국이 해양법과 유관한 공약(公約)에 근거하여 자국의 해양 권익을 제기한다면 논쟁과 마찰은 점점 심해질 것이다. 관련 지역의 어업분쟁에서 중국 어민과 한국 해경 사이에 수차례 극렬한 충돌이 일어나 여러 명이 사망하는 참사가 발생했다. 한국과 중국의 이러한 해양 마찰은 이미 양국관계에 영향을 주는 중요한 불안정 요소가 되었다.[19] 이러한 불안정 요소를 해소하기 위해 양국은 되도록 조용하고 평등한 조정·해결 과정을 마련하여 위험한 상황이 재발하지 않도록 해야 한다.

한중 경제 교류에서 나타난 불균형과 모순, 충돌과 같은 불안정 요소들은 한중FTA 회담에서 전반적으로 고려하여 일괄적으로 해결해야 한다. FTA(Free Trade Agreement), 즉 자유무역협정은 WTO 다자 협의의 곤란한 상황을 피하고 무역 자유화 실현을 위해 희망하는 독립관세 주체 간에 체결하는 방식으로 무역 자유화 및 기타 관련 문제를 해결하기 위해 맺는 협정을 말한다. 양국은 한중FTA 회담을 2012년 5월에 시작하여 2013년 6월에 5차 협상(2014년 1월에 9차 협상 - 옮긴이)까지 진행하면서 상품 종류별 정리와 처리방안, 시장 개방 범위 등의 문제에서 의견을 교환했다. 현재는 비관세 장벽 문제를 상세하게 논의하는 중이다. FTA 회담에서 논의되는 범위는 아주 광범위하여 상품 영역에서 관세감면 이외에 서비스 무역과 투자 자유화, 지식재산권, 정부 분배, 정책 경쟁과 무역구제제도 등이 있다.[20] 중국은 이미 WTO에 가입했고 ASEAN과 칠레, 파키스탄, 뉴질랜드, 페루, 코스타리카, 아이슬란드, 스위스와 FTA를 체결했다. 한중FTA 회담도 양국 경제 관계의 불안정 요소 해결과 개선, 무역과 투자의

중국 굴기가 한국에 미치는 영향력과 관련하여
절대다수의 피조사자들에게서
부정적 감정과 생각이 드러났다.

왜 중국에 부정적인가에 대해서
거의 모든 피조사자들은
그 원인을 설명하기 어려워했다.

상대적 균형 실현, 경제적 상호이익 증진을 위한 양국 간의 경제협력 추진을 위해 부단한 노력을 한다면 머지않아 성공할 것이라 확신한다.

05 한중관계의 바람직한 미래

한·중 간에는 유구하고 우호적인 '인문 공감대'도 있지만, 2차대전 이후의 유쾌하지 못한 기억도 있다. 세계화와 현대화로 상징되는 오늘날, 우리는 각자의 부담을 내려놓고 현재를 살피며 세계를 향하여 미래를 공모해야 한다. 과거에 뒤엉키지 말고 미래를 향해 나아가야 한다는 의미다. 국가와 국가 사이에도 마찬가지다. 수교 이후 우호적 협력 관계는 계속 발전했지만, 그 발전의 배후에는 조화롭지 않은 목소리도 있었다. 한·중 양국은 이러한 부정적인 정서가 널리 퍼지고 있다는 사실을 똑바로 인식해야 한다.

2010년 한·중 양국이 공동으로 진행한 여론조사 결과를 보면 거의 모든 한국인들은 한중무역에서의 수혜를 인정하지 않고, 중국에 대한 매우 강한 우월감과 경시를 무심코 드러내고 있음을 알 수 있었다. 중국 굴기가 한국에 미치는 영향력과 관련하여 절대다수의 피조사자들에게서 부정적 감정과 생각이 드러났다. 왜 중국에 부정적인가에 대해서 거의 모든 피조사자들은 그 원인을 설명하기 어려워했다. 이는 과거에 경험했던 중국에 대한 고정관념이 반복되어 전해지면서 모두의 생각이 비슷한 결과로 나타났다고 할 수 있다.[21] 이외에도 고구려 역사 논쟁이 일정 정도 중국에 대한 한국인의 정서 악화를 이끌었다고 했다.[22] 중국 포털사이트 환추왕(環球網)이 2011년 9월에 진행한 여론조사에서, 중국인들은 대한국 인상 하락의 주요원인을 '한국식 역사관' 때문이라고 했다.[23] BBC 등 매스컴들이 2012년 12월 2일부터 2013년 2월 4일까지 진행한 여론조사에서도 근 몇 년 동안 중국인의 대한국 인상이 급격히 하락했다. 중국 피조사자들의 절반 정도가 한국에 대한 인상이 좋지 않았다고 답했다.[24] 중국 학자들도 한·중 민간인들의 부정적 정서는 이제 고립적인 단일 현상이 아니라, 일종의 집단 표현으로 이미 양국관계에서 피할 수 없는 문제가 되었다고 경고하고 있다.[25]

한국 일부 국민들의 중국에 대한 부정적 정서에는 다음과 같은 원인이 있는 것으로 보인다. 첫째, 역사인식에 대한 불일치 때문이다. 둘째, 중국의 굴기에 대해 준비가 되어 있지 않기 때문이다. 셋째, 매스컴의 부정적 보도 때문이다. 넷째, 조금 낙후된 중국인을 무시하는 일종의 우월감 때문이다. 다섯째, 상호관계에서 마찰과 충돌의 편협적 민족주의 정서 및 국외세력의 영향 때문이다. 이에 대한 원인을 다방면에서 구체적으로 분석해볼 필요가 있다.

이상한 점은 중국인이 왜 한국인을 무시하는가 하는 것이다. 그 주요원인은 아마도 우월감에 대한 반응이거나 패도행위에 대한 불만일 수 있고, 상대의 훌륭한 점을 함부로 욕하고 비웃는 태도 때문일 수도 있으며, 일종의 편협적 민주주의의 소란스러움일 수도 있다. 이러한 한·중 국민들의 부정적 정서는 때로는 실제 사건 발생에 원인이 있고, 때로는 오해로 인해, 때로는 심리 상태 문제로, 때로는 편협적인 민족주의 정서 문제로, 때로는 잘못된 지도 등의 각종 원인으로 만들어진다. 따라서 구체적인 분석과 판단, 지도가 필요하다.

이와 같은 부정적 정서를 어떻게 개선할지를 생각하면서 상대방을 새롭게 인식하고 훌륭한 미래를 만들기 위해 몇 가지 참고할 만한 원칙적인 의견을 제시하고자 한다.

첫째, 한중수교 전후 상호 간의 이해를 초월하여 상호 지위를 새롭게 조정해야 한다. 전쟁과 냉전 시기에 양국 정서는 적대적이었다. 중국의 개혁개방 이후 무역과 교류를 시작하면서 적대 정서는 다소 완화되었다. 1992년 수교 이후 양국의 상대방에 대한 이해는 다소 바뀌었으나 지위는 분명하지 않았다. 한중수교 이후 20여 년 동안 중국엔 매우 큰 변화가 있었다. 중국은 GDP 세계 제2위 국가로 도약했고 초보적 굴기 실현으로 세계 역량의 비율을 바꾸었으며, 동북아시아 역량에서도 구조적 변화를 발생시켰다. 이제 중국을 어떻게 인지하느냐 하는 것은 매우 현실적인 문제가 되어버렸다. 중국은 신흥 굴기 대국으로서 책임을 부담하며 유구한 역사와 심오한 문화를 가지고 있는 대국이다. 한국의 중국에 대한 인식이 과거 냉전사고 방식, 사회주의 국가가 발전하면 한국에 불이익을 줄 것이라는 생각에 정체되어서는 안 된다.[26] 이러한 걱정과 두려움은 모두 공연한 것이다. 새로운 대중국 인식을 바탕으로 중국에 대한 지위를 다시 설정해야 한다. 중국도 대국으로서의 국민 품격과 국민 소질, 국민 정신을 갖추어서 한국을 단순히 미국을 따르는 국가로 보지 말아야 한다. 한국은 발전한 중등 강국으로서 동북아에서, 더 나아가 국제무대에서도 중요한 역할을 발휘하고 있다. 한국과 중국 모두는 상대방에 대해 새로운 인식과 이해의 길에서 새로운 지위를 설정할 필요가 있다.

둘째, 대중매체 보도를 규범화하고 우호적 대중매체 환경을 구축해야 한다. 대중매체 보도 규범화는 보도 내용 제한과 자유로운 보도에 대한 방해를 의미하는 것이 아니라 대중매체 보도의 진실성과 객관성을 추구해야 한다는 것이다. 편향적 보도와 악의적 선전을 방지하고, 선동적이거나 흥미 위주의 이치에 맞지 않는 황당한 이야기와 허위적인 뉴스를 단호하게 억제해야 한다. 현실 사회에서 뉴스매체 및 사이비 인터넷은 민중들을 움직이는 큰 역할을 하여서 민족주의 형상화에 대해 심각한 영향을 주고 있다. 한·중 양국의 매체들은 보도활동에서 자신들이 가지고 있는 적극적 역량과 작용들을 충분히 고려해야 한다. 또한 약간의 착오로 인한 편향적 뉴스 보도를 방지하고 양국의 국민들 간에 민족정서의 대립을 조성하지 말아야 한다.[27]

셋째, 합리적으로 국민정서를 잘 통하게 하고 정서적 대립을 방지하여 편협적인 민족주의를 종결해야 한다. 여기서 양국 정부도 주도적 역할을 해야 한다. 양국 정부는 적극적으로 국민 교류의 장을 마련하고 합리적으로 국민들의 정서를 살펴야 한다. 대국 지위의 지속적인 공고화와 상승에 따라서 중국 정부는 대국적인 국민 품격을 형성하도록 국민들을 인도해야 한다. 유구한 전통문화에 기초하여 중국인들도 성숙하고 너그러운 민족 심리를 갖추어야 한다. 또한 신흥대국으로서 세계적 대국 지위에 기초하여 현대 국가들이 가지고 있는 국민 정신을 갖추어야 하며 평등을 존중하고 포용적인 국민 정신으로 한국을 대우해야 한다. 한국도 자신들의 문제를 바로 보고 중국 굴기에 대한 인식을 새롭게 하여 더욱 개방적이고 포용적인 자세를 가져야 한다.[28] 만약 한국과 중국 정부가 모두 합리적으로 국민정서를 잘 통하게 하고 편협적인 민족주의를 종결한다면, 양국은 상대방을 친구와 지기로 볼 수 있고 공동으로 훌륭한 미래를 창조할 수 있을 것이다.

마지막으로 한·중 양국의 지중파(知中派) 및 지한파(知韓派) 엘리트와 전문가들의 역할이 필요하다. 그들은 냉정하게 상황을 판단하고, 양측의 상황을 살펴야 하며, 실용적이고 정직한 대안을 제시해야 한다. 또한 양국의 역사·정치·경제·인문 교류 방면에서 양국의 끈을 이어주는 적극적인 역할을 해야 할 것이다. 한·중 양국 정부가 충분히 두 집단으로 하여금 역할을 발휘할 수 있게 한다면 양국은 고난을 극복하고 미래를 개척하여 밝은 미래를 만들 수 있을 것이다.

주석

•

1   参见张慧智、王箫轲:"中韩关系二十年: 成就与问题",
    北京,《现代国际关系》2013年 第1期, 第20页。

2   韩国外交通商部:"韩国经济通商统计", 首尔, 2012年 8月,
    第25页。

3   韩国外交通商部:"韩中建交20年", 首尔,
    http://www.korqachi-na2012.org.(上网时间: 2012年10月10日)

4   参见张慧智、王箫轲:"中韩关系二十年: 成就与问题",
    北京,《现代国际关系》2013年 第1期, 第21-23页。

5   参见邢丽菊 (复旦大学国际问题研究院副教授):"试论文化在中国周
    边外交中的重要作用——以中韩的'人文纽带'与'人文共同体'
    为例", 首尔,《成均中国观察》, 2013年 第3期, 第114-115页。

6   陈在教:"有关韩中人文纽带的随想", 首尔,《成均中国观察》,
    2013年 第3期, 第104页。

7   参见邢丽菊:"试论文化在中国周边外交中的重要作用", 首尔,
    《成均中国观察》, 2013年 第3期, 第112页。

8 参见邢丽菊: "试论文化在中国周边外交中的重要作用", 首尔,
《成均中国观察》, 2013年 第3期, 第110页。

9 参见张慧智、王箫轲: "中韩关系二十年: 成就与问题", 北京,
《现代国际关系》2013年 第1期, 第22页。

10 李熙玉: "新的20年, 对韩中关系的新思考", 首尔,
《成均中国观察》, 2013年 第3期, 第8-9页。

11 李熙玉: "新的20年, 对韩中关系的新思考", 首尔,
《成均中国观察》, 2013年 第3期, 第10页。

12 李熙玉: "新的 20年, 对韩中关系的新思考", 首尔,
《成均中国观察》, 2013年 第3期, 第9页。

13 参见金俊亨 (韩东大学国际语言学部): "韩美同盟60周年的虚实",
首尔,《成均中国观察》, 2013年 第3期, 第34-35页。

14 参见金俊亨 (韩东大学国际语言学部): "韩美同盟60周年的虚实",
首尔,《成均中国观察》, 2013年 第3期, 第36页。

15 "路透社俄罗斯符拉迪沃斯托克 8月 31日电": "普京斥美报告
'一派胡言'", 北京,《参考消息》, 2013年 9月 1日, 第一版头条。

16 李熙玉: "韩国新政府的出台与韩国对华政策建议", 首尔,
《成均中国观察》, 2013年 第1期, 第7页。

17 刘赛力 (外交学院副教授): "合作共赢的中韩经济关系", 北京, 《国际问题研究》, 2006年 第3期, 第63页。

18 刘赛力 (外交学院副教授): "合作共赢的中韩经济关系", 北京, 《国际问题研究》, 2006年 第3期, 第63页。

19 张慧智、王箫轲: "中韩关系二十年: 成就与问题", 北京, 《现代国际关系》, 2013年 第1期, 第23页。

20 参见朴炳锡 (韩国国会副议长): "韩中合作与东亚和平的良性循环", 首尔, 《成均中国观察》, 2013年 第3期, 第21-22页。

21 "几乎无人乐见中国崛起 韩国缘何误读中国?", 北京, 《国际先驱导报》, 2010年 5月 28日, http://news.xinhua.net.com/world/2010-05/28/c_12153755.htm.

22 王晓玲: "什么因素影响韩国民众在中美之间的立场?—基于韩国民意调查的统计分析", 北京, 《世界经济与政治》 2012年 第8期, 第24-25页。

23 "本网调查: 中国人对韩国印象下滑主要因: '韩式历史观'", 北京, 《环球时报》, 2011年 9月 28日, http://world.huanqiu.com/roll/2011-09/2043646.html (上网时间2012年11月18日)

24 "中国民众对韩印象恶化 韩网民称对华全无好感", 北京, http://world.huanqiu.com/ roll/2011-03/1549229.html, 环球网, 2011年 3月 8日 (上网时间: 2011年4月5日)

25 张慧智、王箫轲："中韩关系二十年：成就与问题"，北京，
《现代国际关系》，2013年 第1期，第23页。

26 "几乎无人乐见中国崛起 韩国缘何误读中国?"，北京，
《国际先驱导报》，2010年 5月 28日，
http://news.xinhua.net.com/world/2010-05/28/c_12153755.htm

27 朴秉光："改革期中国民族主义出现的背景与现状"，北京，
《国际问题研究》，2008年秋季号，第90页。

28 张慧智、王箫轲："中韩关系二十年：成就与问题"，北京，
《现代国际关系》，2013年 第1期，第27页。

참고문헌

●

1、 韩国成均馆大学东亚学术院成均中国研究所:
《成均中国观察》(季刊), 首尔, 2013年第1、2、3期。

2、 赵虎吉:《揭开韩国神秘的面纱》, 民族出版社, 北京, 2003年版。

3、 [韩]金镐城, [中]张海滨:《当代韩国政府与政治》, 人民出版社,
北京, 1996年版。

4、 张志超:《韩国市场经济体制》, 兰州大学出版社, 兰州, 1994年版。

5、 严书翰:《亚洲四小龙发展启示录》, 中原农民出版社, 郑州, 1994年版。

6、 钟诚等:《韩国经济国际化与经济腾飞》, 时事出版社, 北京, 1993年版。

7、 [韩]金正濂著, [中]张可喜译:《韩国经济腾飞的奥秘》, 新华出版社,
北京, 1993年版。

8、 魏杰, 贺耀敏:《四小龙腾飞之谜》, 人民出版社, 北京, 1992年版。

9、 谷源祥等:《亚洲四小龙起飞始末》, 经济科学出版社, 北京, 1992年版。

토론: G2 중국과 한반도

이권호 (신라대학교 국제관계대학원 교수)

중국은 외교 분야에서 '구동존이(求同存異)' '세수장류(細水長流)' '수도거성(水到渠成)' 등의 말을 중요하게 그리고 빈번하게 사용합니다. '구동존이'는 외교관계를 수립할 때 "서로 공통적인 부분들을 먼저 구하고 서로 다른 것은 나중에 해결하자"는 뜻이고, '세수장류' '수도거성'은 "가는 물이 오래 흐르다 보면 결국 하나의 강이 만들어진다"는 뜻입니다.

오늘 셰 교수님께서는 주로 한중관계의 발전적인 면들을 이야기하셨습니다. 이제 과거의 '구동존이'에서 '구이존동'으로 나아가는 가운데, 서로 간에 있는 갈등, 모순, 대립, 충돌 등의 요인들은 드러내놓고 같이 논의하며 문제를 해결해나가는 게 필요하다는 인식을 가지고 있는 것 같습니다. 그에 대해 역사인식의 차이점, 정치 신뢰 문제, 경제 관계에서 무역과 투자의 불균형 상태, 한·중 양국이 가지고 있는 현실적 인식의 편파적인 측면 등 네 가지 주제에 대해 이야기해주셨습니다. 특히 역사인식 문제에서 중국과 한국 간에는 유교 문화, 한자 문화, 그리고 최근 박근혜 대통령이 얘기한 인문유대라는 개념을 공유할 뿐만 아니라, 중·일, 한·중 사이의 공통된 역사적 경험을 바탕으로 많은 부분을 공유할 수 있다고 하셨습니다.

그러나 최근 우리가 심각하게 생각하고 있는 역사 문제 중 하나가 고구려사 문제입니다. 2004년 한·중 간 이 문제에 관한 공통적 인식을 확인하는 과정이 있었지만, 아직 상호 간 불신의 장벽이 남아 있는 것 같습니다. 한국에서는 중국이 중국 중심의 역사 인식을 가지고 중화민족주의로 나아가, 지금 시진핑 정부에서 이야기하는 중국몽(夢)이 중화민족주의 또는 중국의 패권주의로 발전되지 않을까 하는 두려움을 갖고 있습니다. 중국에는 "벽돌을 던져 옥을 구한다(抛砖引玉的方式来请教我这个问题)"는 말이 있는데, 중화민족주의나 중국의 패권주의에 대해 중국이 과연 어떠한 입장을 가지고 있는지는 확실히 모르겠습니다.

사회 분야에서는 한국에게는 북한 문제가 가장 중요하고, 중국에게는 한미동맹과 그에 따른 중국 봉쇄가 가장 우려스러운 문제라고 말씀하셨습니다. 만약 한국이 미국뿐만 아니라 일본과도 동조하게 되면, 중국은 한국과 적대적 관계로 돌아갈 수도 있다고 지적하셨습니다. 그런데 중국은 이제 G2를 넘어 10년 후에는 세계 최강대국의 자리까지 넘볼 수 있는 상황입니다. 따라서 중국이 과거에는 제3세계의 선도국가에 머물렀지만, 이제는 세계 최강대국을 지향하며 세계를 이끌어가는 국제정치 질서를 만들어가야 한다고 봅니다. 1990

년 이래 중국은 미국의 패권주의를 반대하고 신국제정치경제 질서를 지속적으로 미국에 요구해왔습니다. 그래서 저는 중국이 신국제정치경제 질서에 어울리며 국제사회를 책임질 수 있는 국제 규범을 스스로 만들어가야 할 때라고 생각합니다. 중국은 이러한 규범을 통해 북한 문제를 처리하는 외교를 펼쳐야 할 것입니다.

이와 관련하여 한미동맹이 중국을 봉쇄하는 지정학적 작용을 하지 않을까 염려하시는데, 다음과 같은 점도 생각해보시기 바랍니다. 만약 한반도가 통일이 되더라도 과연 미군이 한반도에 주둔할 수 있을까? 중국이 세계 최강대국을 지향한다면 과거처럼 북한을 전략적 완충지대로 삼는 정책은 이제 포기하는 게 바람직하지 않을까? 아울러 북한에 국제 규범을 따르도록 하면서 중국이 한반도 평화통일에 주도적 역할을 수행하는 것이 올바른 역할 아닐까? 또한 미국이 20세기를 끌고 나갈 수 있었던 요인 가운데 하나는 미국을 도와주는 우방국가들이 주위에 많았다는 점인데, 중국은 과연 그런 우방국들을 얼마나 가지고 있는가? 러시아, 인도, 일본, 베트남 등의 주변국가들이 국제무대에서 중국 편에 서서 중국을 지원할 수 있도록 이끌 수 있을까? 모두 쉽지 않으리라 봅니다. 그러나 중국의 영향에 따라 북한이 변화하고 남북한이 평화적으로 통일된다면, 통일 한반도는 중국의 가장 좋은 동맹이 될 수도 있다고 생각합니다.

III

한중무역의
새로운 기회

중국 농촌토지개혁과 토지입법

왕웨이궈 (王卫国, 중국정법대학 민상경제법학원장, 교수)

중국 농촌토지개혁과 관련한 새로운 유형의 도시화는
농촌 도시화와 경지 농장화 과정을 촉진할 것이다.
이에 따라 소도시에 농장을 건설하기 위한 투자 열기를 불러올 것이다.
사실상 이러한 종류의 투자 열기는 이미 나타나고 있다.
이는 한국의 투자자들에게도 좋은 기회이다.

01 중국 농촌토지의 시장화 추진

1950년대 이래 중국의 경제발전 상황을 보면, 산업화 단계를 거쳐 도시화를 가속하는 단계에 와 있다. 산업화와 도시화라는 발전 단계는 산업의 발전과 도시의 건설을 우선하며, 농업과 농촌은 산업과 도시의 발전을 위한 자원 및 노동력 제공의 의무를 부담하도록 한다는 하나의 공통된 특징을 가진다. 이러한 발전체계는 농촌과 농업의 발전을 늦추고, 농민의 상대적인 빈곤이라는 장기적으로 해결하기 힘든 문제를 일으켰다. 특히 21세기 들어 대규모 도시 건설을 위해 중국 정부는 농민의 토지를 대량으로 징수했고, 이로 인해 농촌의 노동력이 도시로 대량 유입되는 현상이 발생하면서 도시와 농촌 간 격차는 더욱 심해졌다. 이는 지속적인 발전이라는 요구에 맞지 않을 뿐만 아니라 사회의 공평가치에도 어긋나는 일이다.

최근에 와서 중국은 '도농발전 일체화(城乡发展一体化)'라는 지도이념을 바탕으로 소도시 건설, 농장화 경영 장려, 농민 토지의 질서 있는 시장 진입 허가, 도시자본 및 공공자원의 농촌 유입 장려, 도농 간 전면적이고 공통된 발전을 위한 새로운 국면 마련 등 일련의 중대한 개혁조치를 모색하여 추진하고 있다. 이러한 의미 있는 개혁에서 토지입법은 정책결정 과정에서 반드시 중시되어야 하며 전 사회가 관심을 가지고 지켜봐야 할 것이다.

중국은 이미 토지제도 개혁을 통해 도농 일체화를 추진하는 것에 대해 합의점을 형성했는데, 그중 다음의 몇 가지 사항에 주목할 필요가 있다.

첫째, 도시와 농촌에 통일된 건설용지 시장을 건설한다. 법률 규정에 따라 취득한 농촌집체경영성 건설용지에 대해서는 통일된 유형의 토지시장을 통하여 공개된 규범(規范)의 방식으로 토지사용권을 양도하는데, 이 경우에는 발전계획에 부합한다는 전제하에서 국유토지와 같은 권익을 향유한다. 둘째, 토지도급(承包)경영(국내의 다른 학자들은 이를 '토지승포경영'이라는 용어를 사용하기도 하는데, 여기에서는 '토지도급경영'이라고 표현한다.)권 거래시장을 개선한다. 법에 의한 자원유상원칙(自愿有偿原則)에 따라 농민이 하도급(转包)(농촌토지 전매. 중국 농촌이 가정도급경영제를 실시한 이후 도급자가 자체 토지의 일부 또는 전부를 일정한 조건에 제삼자에게 하청하며, 두 번째 계약의 도급자가 첫 번째 계약의 도급자에게 의무를 이행하고 첫 번째 계약의 도급자가 토지사용권 보유자에게 의무를 이행하는 행위), 임대(出租), 교환(互换), 양도(转让), 주주합작(股份合作) 등의 형식으로 토지경영권을 거래하도록 허가하고, 가족농장 등을 통하여 다양한 형식의 대규모 경영을 발전시킨다. 셋째, 농가택지의 용익물권을 보장한다. 농촌 지역 택지의 보존등기(初始登记)를 적극적으로 전개시키고, 전국적으로 통일된 부동산등기제도를 입법·건립하는데 박차를 가한다. 넷째, 토지수용제도를 개혁하고, 공익성 및 경영성건설용지의 정의를 엄격히 하며, 수용토지의 범위를 점차적으로 축소시키고 수용보상제도를 개선한다. 법에 따른 농촌집체토지에 대한 수용은 동지동가원칙(同地同价原則, 동일한 토지에는 동일한 가치가 있다는 원칙 - 옮긴이)에 따라 즉시 농촌집체조직에 규정된 액수를 지급하거나 농민에게 합리적인 보상을 함으로써, 토지가 수용된 농민의 재취업이나 거주지 및 사회보장 문제를 더 나은 방법으로 해결한다. 다섯째, 토지이용계획에 확정된 도시건설용지의 범위 외에는 비준을 거쳐 농촌의 집체토지를 점용하고 비공익성 사업을 건설하며, 농민이 법에 의한 다양한 방식을 통해 개발경영에 참여할 것을 허가한다.

물론 여전히 추가적인 합의가 필요한 문제들이 있다. 예를 들면, 농촌택지에 대한 자유로운 거래 문제라든지, 농촌집체토지에 주택이 건축되어 매매주택이 매물로 나오는 문제 등이다.

결론적으로 농촌토지의 시장화 추진을 위한 제도 설계에 있어 우선적으로 다음 네 가지 문제를 명확히 해야 할 필요가 있다. 토지시장 일체화, 토지재산권 보장, 재산권의 거래 가능성, 그리고 합리적이고 안정적인 거래절차의 확립이다.

02 토지시장 일체화

현재 중국 토지재산권의 기본구조는 '국가가 소유하고 개인이 사용하는 이원화 구조(公有私用, 双轨并行)'로 요약할 수 있다. '국가가 소유하고 개인이 사용한다'는 것은 바로 토지의 소유권은 국가 또는 집체소유(공동소유)로 귀속되며, 사인이 소유하는 것을 허용하지 않는다는 의미다. 토지공유제하에서 도시와 농촌의 토지거래에 의한 재산권이 바로 토지사용권이다. 토지사용권의 권리자는 보통 공민, 법인 또는 기타 형식의 기관이며, 이들은 사법상 재산권의 주체에 속한다. '이원화 구조'라는 것은 국유토지의 사용권과 집체토지의 사용권이 두 개의 서로 다른 재산권 계열로 분리되어 있을 뿐 아니라, 도시와 농촌의 토지시장에 각각 분리되어 거래된다는 것을 의미한다. 국유토지사용권은 취득 방식에 따라 토지사용권 할당(划拨)과 토지사용권 분양(出让) 방식으로 나뉘어 있다. 농촌토지는 용도계획에 따라 토지도급경영권, 건설용지사용권, 부지사용권으로 나뉜다. 건설용지는 또한 영업성건설용지와 공익성건설용지로 나눌수 있다.

농촌토지시장은 이원화된 구조에서 그에 맞는 법률이 결여되어 있었기 때문에 제대로 발달하지 못했다. 도시토지거래의 경우는 도시부동산관리법 및 관련된 행정법규 등의 근거 법률이 있어 비교적 완전한 관리체계를 갖추고 있는데, 그중에는 도시부동산재산권 등기제도도 포함되어 있다. 도시의 부동산은 이를 토대로 이미 비교적 규범화된 시장을 형성하고 있다. 현행 토지관리법과 물권법은 농촌 건설용지와 도시건설용지를 분리하여 규정하고 있는데, 두 종류의 토지사용권이 향유하는 법률적 대우와 법률 보호의 내용은 서로 다르다. 따라서 현행 제도하에서 농촌토지시장은 많은 제약을 받는데, 예를 들면 집체건설용지는 양도 및 저당을 할 수 없고, 부동산 개발에 사용할 수 없으며, 농민의 주택 및 부지는 도시 거주민에게 양도할 수 없다.

도시화 과정에서 대량의 농촌토지가 도시토지로 바뀌는 것은 막을 수 없다. 문제는 농촌토지가 도시토지로 변할 때, 집체소유로 남겨둬야 하는지, 아니면 일률적으로 국가소유로 해야 하는지에 있다. 만약 이원화 구조에 따라 엄격하게 도시토지시장을 국유토지로만 수용한다는 것은, 도시토지로 편입되는 농촌토지를 반드시 정부의 수용을 통해 국유지로 전환한 다음, 다시 정부가 사용권을 부동산 투자자에게 분양(出让)하는 것을 의미한다. 이러한 방식은 정부와 도시개발 투자자가 도시토지시장을 독점하는 결과를 낳게 되어, 도시화가 농민을 참여시키고 농민의 행복을 조성하는 것이 아니라, 농민의 토지를 박탈하고 농민의 이익을 희생시키는 결과를 가져오게 될 것이다.

현재 중국 정부는 이미 농촌개혁발전의 기본 목표 중 하나로 2020년까지 도시와 농촌의 사회경제발전 일체화 체계를 구축할 것을 명확히 한 바 있다. 이는 농촌개혁에 있어 하나의 중요한 돌파구를 마련한 것이라 할 수 있다. 따라서 입법에서 현행 제도의 한계를 극복하고, 농민의 토지권익과 농촌의 토지시장에 대한 불합리한 제한을 없앨 필요가 있다. 장래에 여전히 토지소유권이 국가소유와 집체소유로 구분되어 있다고 하더라도, 토지거래시장은 반드시 통일되어야 하며, 토지시장에서 거래되는 사용권 또한 반드시 평등해야 할 것이다. 현재 어떤 도시에서는 토지시장에 대한 합병을 포함하는 도농 일체화가 시범적으로 진행되고 있다. 심지어 어떤 지방에서는 이미 도시와 농촌의 통일된 토지거래센터를 설립하기도 하였다. 이러한 현상은 장래 토지시장의 발전 추세를 대표적으로 시사하고 있다고 할 수 있다.

03 재산권 보장

중국에서 토지사용권은 유럽의 지상권보다 훨씬 더 중요시된다. 중국의 토지사용권과 유럽의 지상권은 표면상으로는 유사점이 있지만, 사실은 매우 다르다. 특히 사권 보호와 재산 이용 측면에서 매우 다른데, 중국의 토지사용권은 영미법의 estate, 즉 재산권과 비교할 수 있다. 토지사용권은 중국의 토지시장에서 유일한 권리 매개체이기 때문에, 만약 토지사용권에 강력한 법적 안정성이 없다면, 사람들은 토지시장에 대한 장기적인 예측에 어려움을 겪게 된다. 장기적인 전망이 불투명할 경우 토지에 대한 투자가 활발하지 못할 것이다. 투자가치가 하락하면 토지의 부(財富) 창출 능력도 충분히 발휘되지 못할 것이다. 이는 토지보호와 이용 면에서 모두 불리할 것이다. 현행 법률에 따르면, 세 가지 서로 다른 집체토지사용권에 대해 서로 다른 거래방식과 거래관리규정이 적용되는데, 이는 토지의 용도관리제도 원칙을 실현한 것이다. 재산권의 성질로 말하자면, 물권법에는 이를 이미 용익물권으로 정의하고 있다. 용익물권은 소유권과 마찬가지로 그 권리자가 법률 규정에 따라 특정한 물건에 대하여 직접적인 지배권과 배타권을 향유한다.

현재 농촌토지재산권의 보장은 주로 다음의 세 가지 문제와 관련이 있다.

기한의 문제

중국의 농촌토지도급권(承包)의 기한은 30년이다. 분명 30년이라는 예정된 기간으로 인하여 발생하는 투입은 많지 않을 것이다. 새로운 정책에 따라, 토지도급권의 기한은 장기간 변함이 없는 이른바 '장구불변(长久不变)'으로 되었다. 이는 법률상 토지도급권에 대해 안정적으로 긴 기한을 부여하도록 요구하는 것으로, 심지어는 무기한이 될 수도 있음을 의미한다.

등기 문제인 재산의 공시 문제

물권법 제10조에 의해 국가는 부동산에 대해 통일된 등기제도를 시행한다. 도시와 농촌 상관없이 모두 통일된 등기 범위를 따르고, 통일된 등기방법을 통해 통일된 등기기관에서 등기한다. 하지만 현재까지 이러한 규정은 그에 상응하는 법률 및 제도가 없었다. 운영성을 갖춘 통일된 등기제도의 부재는 농촌토지재산권과 권리 변경에 있어서 걸림돌이 되고 있다.

수용의 문제

농민의 토지사용권이 직면해 있는 중대한 불확실성은 바로 집체토지에 대하여 정부의 수용이 가능하다는 것이다. 토지사용권 거래에 있어서 사람들은 일반적으로 다음과 같은 의문을 제기할 수 있다. 거래에 사용되는 토지가 이후에 정부에 의해서 수용되지는 않을까? 만약 수용된다면 토지사용권자는 어떠한 보상을 받을 수 있는가?

따라서 우선 엄격하게 토지수용을 제한할 필요가 있다. 물권법 제42조에 따르면, 수용을 위해서는 공익성·정당한 절차·공평한 보상이라는 세 가지 조건을 반드시 만족해야 한다. 현재 이러한 세 가지 조건은 단지 하나의 형식적이고 추상적인 규정일 뿐 구체적인 법률을 가지고 있지 않다. 특히 물권법 제28조 규정에 따라 정부의 수용 결정에 일단 효력이 발생하면, 피수용자의 물권은 즉시 소멸됨을 주지할 필요가 있다. 따라서 정부 수용 결정의 효력 조건과 효력 시간을 어떻게 결정하는가는 매우 중요한 문제이다. 물론 도시 주민이 국유토지에 대해 누리는 주택소유권 및 토지사용권도 이와 같은 문제를 안고 있다. 하지만 2001년 국무원이 '국유토지상 주택수용 및 보상 조례'를 발표함에 따라 이러한 문제는 어느 정도 해결되었다. 현재 농촌토지의 수용 문제는 이미 첨예한 사회적 모순으로 작용하고 있기 때문에 토지징수와 토지사용권 재정에 의존하는 지방정부는 이를 지지할 수 없는 어려움에 처해 있다. 그러므로 반드시 토지수용을 엄격히 제한할 필요가 있는 동시에 토지거래시장을 개방하고 토지부가가치세 및 토지거래세 등 세수제도를 제정·정비해야 한다. 그리하여 한편으로는 토지사용권자와 투자자가 토지이용과 토지부가가치로부터 영업이익을 얻을 수 있게 하고, 다른 한편으로는 정부가 토지개발과 토지거래로 인한 세원으로 재정수입을 획득할 수 있도록 해, 민간과 정부가 토지시장화 과정에서 서로에게 이익이 될 수 있는 국면을 만들 수 있다.

04 재산권 거래 가능성

중국 헌법 제10조는 토지사용권을 법률에 따라 양도할 수 있다고 규정하고 있다. 여기에는 국유토지의 사용권 양도가 포함되며, 집체토지사용권 양도도 포함된다. 현행 토지관리법도 사실상 농촌집체토지의 거래 가능성을 인정한다. 하지만 현행 제도에서 농촌집체토지의 거래는 매우 제한적인데, 예를 들면 토지용도관리와 거래범위에 제한을 두고 있다. 현재 국가의 식량안전 및 토지관리질서를 위하여 용도관리원칙은 변경할 수 없다. 용도관리제도라 함은 국가가 토지 이용을 위한 종합계획을 세우는 데 있어 농업용지가 건설용지로 바뀌는 것을 엄격하게 제한하고, 건설용지의 총량을 제한하여 경지를 특별히 보호하는 것이다. 이러한 배경에서 용도가 서로 다른 토지가 용도규정에 부합한다는 전제하에서는 양도를 허가해야 하며, 거래 과정 또한 자유로워야 할 것이다. 하지만 현행 체제에서 세 종류의 집체토지사용권 거래는 여전히 자유롭지 못하다.

도급토지

중국 농촌에서는 1980년대 이래 집체소유의 농지가 이미 농가에 도급 방식으로 분배되었다. 물권법 제133조는 입찰공고, 경매, 공개 협상 등의 방식으로 황무지 등의 농촌토지를 도급한다고 규정하고 있으며, 농촌토지도급법 등의 법률과 국무원의 관련 규정에 따라 그 토지도급경영권은 양도, 출자(入股), 저당 또는 기타 방식으로 거래할 수 있다. 하지만 현행법은 토지도급권은 촌민 간 거래는 가능하지만, 촌외의 사람에게는 거래할 수 없다고 본다. 현재 이러한 거래 제한이 실제 거래에서는 이미 없어졌지만, 그 합법성은 명확하지 않다. 거래는 크게 두 종류로 나눌 수 있는데, 하나는 재산권의 주체를 변화시키지 않는 거래이며, 다른 하나는 재산권의 주체를 변화시키는 거래이다. 전자는 실질적인 점유를 변화시키지만, 사용권의 귀속을 변화시키지는 않는다. 예를 들면 하도급, 임대 등이다. 후자는 사용권의 귀속을 변화시키는 상호교환, 양도 등이다. 거래의 또 다른 방식은 주주합작(股份合作)인데, 현행 법률에 이에 대한 구체적인 규정이 없는 상황에서 주주가 될 경우 토지사용권을 이전할 수 있는지는 의문으로 남는다.

건설용지

물권법에는 국유건설용지사용권의 거래에 대해 비교적 충분한 규정이 있다. 하지만 집체건설용지에 대해서는 단지 토지관리법 등의 법률·법규에서 규정하고 있을 뿐이다. 따라서 집체건설용지의 거래제도는 여전히 새로운 입법을 시도하고 있다. 이와 동시에 건설용지의 거래는 건설시장의 관리와 밀접하게 연관되어 있다. 현재 도시농촌계획법에 이미 통일된 규정이 있지만, 도시부동산관리법 외에 어떠한 농촌부동산관리법도 없다. 도농 일체화의 요구에 따라 도시와 농촌의 통일된 부동산관리법을 제정할 필요가 있다.

택지(宅基地)

토지관리법 제62조는 농촌택지에 관한 규정으로 이는 기본적으로 복리성 택지분배제도의 하나이다. 1958년 인민공사화(人民公社

化) 이래, 농촌택지분배는 기본적으로 하나의 복리제도였다. 이로 인해 몇 가지 문제가 발생했는데, 우선 사람들로 하여금 토지를 많이 점유하도록 장려함으로써 경지유실이 극심해졌다. 둘째, 택지 이용률이 낮아서 토지의 낭비가 가속화되었다. 셋째, 농민이 다량으로 도시나 지방 소도시(乡镇)에 유입되면서 농촌의 주택이 방치되는 상황이 나날이 심각해졌다.

이러한 상황에 대응하기 위한 택지제도개혁의 기본 방향은 복리성 분배방식을 철회하고 시장분배를 하는 것이다. 구체적으로 보자면, 택지를 무상으로 분배하는 방식을 중단하고 농촌택지시장을 개방하여 현재 택지에 개발적인 개혁을 함으로써 농촌주택을 증가시키고 농민의 주거 상태를 개선시키는 것이다. 이를 위해 농촌부동산시장에 진입하는 거래 주체에 대해 신분 제한을 두지 말아야 하며, 촌민 간 양도 외에 도시인이 농촌에서 주택을 임대·매매·투자하는 것을 허용해야 할 것이다.

05 재산권 거래 절차

장래 중국 토지거래제도의 기본구조는 도시와 농촌의 일체화된 거래의 장을 마련하는 것이다. 도시와 농촌의 토지사용권을 공개적으로 규범화하는 방식으로 발전계획에 부합하고 정부의 관리감독하에서 평등하게 양도하도록 해야 한다. 이러한 토지거래의 장을 통해서 우선 농민과 도시 상인 간의 정보 비대칭 문제를 해결할 수 있고, 농민들이 충분히 시장을 이해하고 규범에 맞는 계약을 체결할 수 있게 될 것이다. 다음으로 이러한 장은 또한 토지거래의 투명도를 높이고 정부의 관리와 감독을 쉽게 함으로써, 사기·과도한 투기·기타 불법행위를 방지할 수 있다. 그리고 법을 준수하는 거래자의 권익을 보호할 뿐만 아니라 국가의 계획관리, 토지관리, 건설관리, 부동산 등기관리, 세수관리 등의 행정질서를 유지할 수 있을 것이다.

현재 중국의 몇몇 지역은 이미 도시와 농촌토지거래센터를 시범적으로 운영하기 시작하였다. 하지만 관련 법률이 없는 상황에서 현존하는 토지거래센터는 단지 토지 제공자가 스스로 선택하는 서비스를 제공할 뿐, 불법 거래를 막을 수는 없다. 이는 토지의 거래질서를 보호하고 농민의 이익을 보호하는 데 불리하게 작용한다.

06 현재의 입법 중점사항

제도 정비를 강화하는 것은 토지개혁을 실현하는 필요조건이다. 서둘러 관련 법률·법규 및 정책을 완벽하게 준비하여 농촌의 토지관리제도 개혁을 추진해야만 개혁비용을 최대한 낮출 수 있으며, 개혁

농촌에 주택·부동산시장이 형성됨에 따라
농민은 건물과 주택의 매매·담보를 통해
대량의 현금수입을 얻을 것으로 예측된다.
그중 상당 부분은 소비재 시장에서
강력한 구매력으로 작용할 것이다.

의 효과를 높일 수 있다. 그러므로 농촌토지거래와 관련한 다음의 입법과제가 현재 또는 장래의 국가정책 시안으로 제기될 수 있을 것이다.

부동산등기법 제정

이 법의 제정을 통하여 물권법에서 요구하는 '통일된 등기범위, 등기기관, 등기방법'을 구체화하여, 도시와 농촌이 통일되고 방적(房籍)과 지적(地籍)이 하나로 합쳐지는 부동산등기 제도를 마련할 수 있다. 동시에 대부분의 정부 부문이 서로 다른 용도의 토지를 분리하여 등기관리를 맡던 체제를 단일 부문의 통일된 등기관리체제로 대체할 수 있다. 현재 이러한 입법 절차는 이미 국무원에 의해 시작되었다.

토지법 제정과 토지관리법 개정

현재의 토지관리법은 토지행정법에 포함된다. 토지재산권의 보장과 토지시장의 발전을 우선 목표로 하는 지도 이념하에 토지 민사권리와 토지 민사거래를 핵심 개념으로 하는 토지관리법, 즉 토지기본법을 먼저 제정해야 할 것이다. 토지법의 제정을 통하여, 최근 토지관리법을 개정하는 과정에서 제기된 문제 중 토지도급경영권의 기한연장 문제, 토지사용권 거래에서 신분제한 취소에 대한 문제, 도시와 농촌의 통일된 건설용지 거래제도 구축 문제 등을 해결할 수 있을 것이다. 또한 택지와 농촌주택의 건전한 거래질서를 실현할 수 있을 것이다. 특히 토지관리법 개정은 토지법과 서로 일치하면서도 조화로워야 할 것이다.

부동산수용법 제정

물권법 제42조 규정에 따르면, 정부가 도시와 농촌의 토지 및 주택을 수용하는 조건, 절차, 보상기준, 그리고 권리구제 방법을 엄격하게 규정하여 정부의 수용권이 남용되지 않도록 법률로 보장하고 있다. 또한 부동산 가치평가 방법(不动产价值评估办法)의 제정을 통해 수용보상제도를 공정하게 시행해야 할 것이다.

토지거래시장관리법 제정

완전한 도시와 농촌의 토지거래 절차 및 관리 감독대책을 제정하고 일체화된 거래 서비스 및 관련 행정관리가 가능한 공개거래 장소를 마련하여 장외거래금지 원칙을 실행하고 부동산등기제도와 서로 연결하도록 해야 한다.

토지세법 제정

토지가격세(토지가격에 따라 토지소유자 또는 사용자에게 부과하는 토지세의 일종. 토지가격세는 토지원가세와 토지부가가치세로 나누며 중국은 1994년 1월 1일부터 토지부가가치세를 징수하기 시작했다. -옮긴이), 토지부가가치세, 토지거래세(土地流转税), 토지사용세를 포함하는 다양한 세제체계를 확립하여 과세표준, 세율, 세수감면조건 등을 합리적으로 규정해야 한다. 또한 행정법규를 통해 중앙과 지방에 합리적으로 토지세 수입을 분배하는 제도를 만들어야 한다. 중앙정부는 토지세 수입의 일정 부분을 저개발 지역의 농촌 발전에 적극적으로 사용하여 지대 차액 및 지역 간 토지수입의 격차로 인해 발생하는 불균형적인 발전과 복리의 불평등 문제를 해결해야 할 것이다.

도시와 농촌의 통일된 부동산관리법 제정

현행 도시부동산관리법은 도시에만 적용된다. 2007년 도시와 농촌계획법을 공포하여 도농 일체화 발전계획을 세웠지만, 건설 관리 및 부동산 시장은 여전히 도시와 농촌의 일체화가 실현되지 않았다. 도시부동산관리법은 부동산 시장에 적용되는 많은 유효 규정들을 담고 있어, 농촌토지거래에 적용하기에도 적합하다. 예를 들어, 개발이 25% 미만인 곳은 재양도(再转让)할 수 없다는 규칙은 토지에 대한 과도한 투기를 방지하는 데 도움이 될 뿐만 아니라, 농촌토지거래에도 적용할 수 있다.

그 외 몇몇 기타 법률·법규 또한 관련 법률과 상응할 수 있게 적절하게 정리하고 개정해야 한다. 예를 들어, 현행 담보법상 농촌토지사용권의 담보에 대한 제한 규정은 적절한 시기에 개정이 이루어져야 할 것이다.

07 중국 토지개혁이 한중경제에 미치는 영향

중국 농촌토지개혁으로 거액의 자원이 시장으로 유입되면 중국 GDP 총량 및 화폐 총량의 지속적인 증가를 촉진할 것이다. 전문가의 계산으로는 현재 중국 농촌에 있는 건설용지는 18만 km^2이며, 각 km^2 당 초기가격이 3억 위안(元)이다. 이를 고려한다면, 장래 수십 년 내에 54조 위안 가치의 토지자산이 사회로 유입될 것이다. 이러한 토지자산에 투자가 유입된 후에는 적어도 5~10배가량 가치가 상승할 가능성이 있다. 게다가 산업이 형성된 후에는 산업부가가치를 창출하게 되어 중국은 적어도 300조 위안의 화폐를 증량할 수 있을 것이다. 중국의 현재 화폐 총량은 대략 100조 위안이다. 이것은 예측 가능한 미래에 위안화의 가치상승이 유지되고, 총량이 지속적으로 증가하여 위안화의 국제화를 더욱 확고하고 안정적으로 추진할 수 있음을 의미한다. 위안화의 국제화는 이후 한중무역의 발전과 아시아 경제번영에 커다란 활력을 불어넣을 것이다. 이를 바탕으로 한·중 간에 무역과 투자 영역에 있어서 위안화를 단일화폐로 하는 메커니즘을 구축한다면, 교역의 효율을 높일 수 있을 뿐만 아니라 국제금융위기로 인해 발생하는 부정적인 영향을 감소시킬 수 있을 것이다.

다음으로 중국 농촌토지개혁은 전체 인구의 47%인 6.4억 농촌 주민의 수입을 크게 증대시켜 엄청난 소비시장을 형성할 것이다. 2012

년 기준 중국 도시와 농촌의 수입격차는 2.7:1인데, 이는 중국 농촌이 하나의 거대한 잠재력 있는 소비품 시장임을 의미한다. 장래의 토지개혁으로 농민 사인(私人)의 부동산이 시장에서 거래될 수 있게 되고, 그로 인해서 농민 재산의 현금화 능력과 융자 능력은 크게 향상될 것이다. 전문가 통계로는 현재 중국 농촌 건물의 건설 면적은 330억m^2이며, 그중 주택 면적은 260억m^2이다. 이미 도시민이 취득한 부분을 제외하고, 농촌 주민이 가지고 있는 주택의 면적은 210억m^2가 된다. 매m^2 당 2000위안을 평균 시장가격이라고 본다면, 농민이 가진 부동산의 현재 가치는 최소한 42조 위안이다. 농촌주택은 보편적으로 용적률이 비교적 낮으므로 증축 및 개조를 통해 농민이 가진 건물의 가치는 대폭으로 증가할 수 있다.

농촌에 주택·부동산시장이 형성됨에 따라 농민은 건물과 주택의 매매·담보를 통해 대량의 현금수입을 얻을 것으로 예측된다. 그중 상당 부분은 소비재 시장에서 강력한 구매력으로 작용할 것이다. 농민의 물질적 생활수준이 향상됨에 따라 그들의 문화생활에 대한 요구도 증대될 것이다. 이것은 한국의 공산품 및 문화상품에 장기적으로 거대한 기회가 될 것이다. 따라서 중국 농민의 수요에 대해 어떻게 더 많이 더 좋은 상품을 제공할 것인지에 대해서 한국의 기업들이 연구해볼 필요가 있다.

셋째, 중국 농촌토지개혁과 관련한 새로운 유형의 도시화는 농촌 도시화와 경지 농장화를 촉진할 것이다. 이에 따라 소도시에 농장을 건설하기 위한 투자 열기를 불러올 것이다. 사실상 이러한 종류의 투자 열기는 이미 나타나고 있다. 이는 한국의 투자자들에게도 좋은 기회이다. 이와 동시에 도시 건설과 농장 경영 또한 한국의 제조업에 새로운 시장이 될 수 있다. 따라서 자동차, 건설자재, 통신기기, 농업기계, 화공공업 등의 분야에 있는 한국 기업은 중국의 신흥농촌 시장에 맞서 자사의 제품구조와 전략을 최적화할 수 있다.

마지막으로 농촌토지개혁은 중국이 지속해서 경제개혁을 심화시키는 전체 전략 중의 한 부분임을 밝힐 필요가 있다. 이번 개혁이 중국을 한 단계 더 발전할 수 있을 뿐만 아니라, 아시아의 평화와 번영에도 유리하다. 필자는 중국의 미래에 대한 확신이 곧 아시아 미래에 대한 확신이라고 본다. 한·중 양국은 공통된 정치적 지연(地緣)과 경제적 이익을 가지고 있다. 한국과 중국은 정치적 신뢰를 유지하고 경제발전에서의 협력 및 상호작용을 강화하는 것이 매우 중요하다. 이 글의 목적 또한 중국 미래의 발전 방향에 대한 소개를 통해 상호 간의 이해는 물론, 한중무역의 빠르고 지속적인 발전을 촉진하는 데 있다.

討論 答辯

토론1: 중국의 토지제도와 제도개혁

조동제 (동아대학교 법학전문대학원 교수)

토지는 인류가 이용할 수 있는 자연자원 중에서 가장 기본적이고 귀중한 자원이다. 인간과 토지와의 관계에서 보면, 토지는 자연 과정의 산물로서 면적이 유한할 뿐만 아니라 창조할 수 없는 특수성을 가지고 있다. 중국이 사회주의 시장경제의 개선 및 정치·경제체제 개혁을 심도 있게 추진하는 과정에서 토지는 3대 생산요소 중 하나가 되어 이미 경제생활 중심에 진입하였다.

중국은 20여 년 동안 이미 토지제도, 특히 토지사용제도의 개혁에 착수하여 중국의 토지소유권은 그만의 독특한 특징을 지니고 있다. 중국은 토지의 사회주의 공유제를 시행하고 있다. 중화인민공화국 수립 이후, 중국 토지의 사회주의 공유제는 점진적으로 확립되어 국가토지소유(전민소유토지)와 농민집체토지소유(노동군중집체토지소유)의 두 가지 기본적인 토지소유제 형식을 갖고 있다.

중국은 도시국유토지에 대한 사용권제도 개혁을 진행하여 국유토지의 유상·기한이 있는 이용제도를 시행하였다. 그 핵심은 토지

이용권자의 지위를 강화하고 그로 인한 국가토지소유권의 충분한 실현을 촉진하는 데 있다. 국가토지소유권의 민사 주체와 행정 주체가 하나 됨으로써 정부는 토지이용 행위에 대하여 적극적으로 간여하고 토지를 확보하여 지속해서 이용할 수 있게 되었다.

그러나 과분한 관여로 토지이용 효율에 영향을 미칠 가능성이 있기도 하다. 국가토지소유권 객체의 한계가 명확하지 않아 대량의 경작지가 유실되고 농민의 이익에 대한 손실이 나타나고 있다. 특히 지적되는 문제는 집체토지소유권 주체의 모호함이다. 또한 집체토지소유권제도의 개혁은 중국 학자들 간에 많은 관심을 모으고 있다. 많은 학자들이 집체토지소유제도에 내재해 있는 결함에서 출발하여 각종 개혁을 주장하고 있다. 이에 집체토지재산권제도를 개혁하고 농민의 집체권익을 보장하는 것이 오늘날 해결해야 할 주요 과제라 할 수 있다.

1. 국가토지소유

건설용지사용권은 가장 중요한 용익물권의 하나이다. 건설용지사용권 설정은 출양과 할당의 방식을 취할 수 있다. 출양은 국가독점의 일급토지시장으로서 토지 자체가 가진 공익성과 사익성이라는 이중적인 속성으로 인하여 건설용지사용권 출양의 복잡성이 결정되었다. 중국 건설용지사용권 출양에 있어 입법과 실무에서 많은 발전이 있었으나 여전히 문제가 존재한다. 특히 물권법에서 사용권 출양의 기한 만기, 기한 연장 규정 등에 대해서는 기존 법률에 비해 더 명확해졌으나, 연장 시점의 출양 방식에는 아직 확실한 규정을 두지 않고 있다.

토지사용권 할당(划拨: allocate)은 중국 토지 사용 중에서 국유토지 사용을 분배하고 조정하는 주요한 방식이다. 행정할당은 중국 정부 수립 이래, 계속 사용하는 국유토지사용권 취득 방식이며, 국유토지이용 측면에서 공익 목적과 상업 목적 모두 단일의 행정할당용지 방식을 취하였다. 계획경제체제하에서 상공업 용지, 행정사업단위 용지는 영리성, 공익성이 뚜렷하게 구분되지 않았다. 대량의 할당토지는 행정분배 관할체계 중에서 여전히 '무상·무기한·무유동'의 행정 색채를 띠고 있다. 토지사용권 할당제도의 개혁이 혼란스러워 '토지 암시장(土地隐形市场)'이 중국 각지에 존재하고 있으며, 이에 따라 많은 문제가 점차 나타나고 있다. 또한 국가적으로는 역사적으로 형성된 토지사용권 할당을 어떻게 대할 것인가, 또는 현재 규모가 방대한 경영성 토지사용권 할당을 어떻게 순리적으로 시장에 진입할 수 있도록 할 것인가 등이 새로운 과제로 대두하고 있다.

토지사용권 할당의 문제점은 첫째, 통일적 토지시장을 수립하는데 불리하며, 둘째, 토지사용권 할당 설정 범위가 너무 광범위하고, 토지사용권이 남용되어 토지자원의 낭비를 조성하며, 셋째, 중국 경제의 고속발전에 따라 건설용지의 수요량이 급증하고, 넷째, 권력 '지대추구(寻租)'와 부패행위를 초래하며, 다섯째, 토지사용권 할당은 도시부동산시장과 금융시장의 건전한 발전에 불리하다는 것이다. 이에 대한 개선책은 무엇인지 유의하여 볼 필요가 있다.

2. 농민집체토지소유

중국의 농촌집체토지제도는 농업경제제도의 기초이며, 토지재산권제도는 토지제도의 핵심이다. 중국 농촌토지제도는 도대체 어떻게 개혁을 해야 할까?

중국이 농업대국을 이루기 위해 우선 해결해야 할 가장 근본적인 문제 중의 하나는 농촌토지제도의 변화를 가져와야 한다는 것이다. 중국은 비록 농촌토지를 집체소유로 규정하고 있지만, 관련 법률 중에서 토지집체소유권을 실제로 적용할 수 있는 것은 없다. 즉, 소유권 권능을 행사할 수 없다. 또한 농촌토지집체소유제도가 내재하고 있는 중대한 결함은 소유권 대행 주체가 불명확하다는 것이다. 이러한 농촌집체토지소유권 주체의 결함은 많은 측면에서 부정적인 영향을 가져온다. 예를 들면, 농촌집체토지 도급제도의 정상적인 운용에 직접적인 영향을 미치며, 농촌건설용지의 이용효율 및 유통에 혼란을 초래하게 된다. 집체토지소유제도의 결함으로는 소유권권속 등기제도가 완벽하게 개선되지 못한 점이다. 중국 농촌토지집체소유권제도의 개혁은 학계의 많은 관심의 대상이 되고 있다. 중국 학자들은 농촌집체토지 소유제도에 내재해 있는 결함에서 출발하여 각종 개혁을 주장하고 있다. 대체적으로 다음과 같은 몇 가지 관점에서 논하고 있다.

첫째, 집체토지소유권을 취소하고 농촌토지사유화를 실행해야 하는가.

둘째, 집체토지소유권을 취소하고 농촌토지국유화를 실행해야 하는가.

셋째, 현행 집체토지소유권을 유보하고 그에 대한 개혁과 개선을 행해야 하는가.

넷째, 집체토지소유권을 부분적으로 취소하고 농촌토지 국가소유, 집체소유, 농민사유소유의 3자가 병존하는 토지혼합제 혹은 복합소유제를 실행해야 하는가.

이러한 개혁모델 중에서 국유화와 사유화 주장에는 근본적인 결함이 존재하므로 농촌집체토지소유권 아래에서의 개혁모델을 견지해야 할 것이다. 중국 정부는 집체토지소유권제도를 유지한다는 입장을 견지하고 있다. 따라서 앞으로 농촌토지소유권제도의 개혁은 대담하게 추진할 것으로 보인다.

• 농촌토지수급경영권

농촌토지수급경영 중에서 가정도급은 매우 주요한 방식 중의 하나다. 가정도급토지에 대해서는 물권적 보호를 하고, 토지수급경영권에 대해서 당사자의 권리 의무 관계를 수립하고 있다. 그리고 기타 형식으로 도급한 토지에 대해서는 채권보호를 실행하고 당사자의 권리 의무, 도급 기간 및 도급 비용 등은 모두 계약으로 정하며 도급 기간 내에도 당사자는 협상을 통해 변경할 수 있도록 하였다. 토지수급경영권의 권리 주체가 집체경제조직 구성원인가 또는 농가인가의 여부는 직접 그 권리의 이익 귀속 및 존속과정 중의 권리 변경에 직접 영향을 미친다.

현재 중국 농촌 사회에서는 농업의 미시적 경제기초와 거시적인 사회환경의 변화에 따라 가정도급경영제도의 결함이 점진적으로 나타나고 있다. 현실 속에서 많은 농민공(農民工)이 토지를 떠나면서 필연적으로 대량의 휴경지가 발생하고 있다. 도시화·시장화와 대내외개방 과정 중에서 농촌토지유동제도를 혁신하고 시장경제법률에 근거하여 완벽한 농촌토지자원의 배치체제를 수립하는 것은 '3농' 문제를 해결하는 중요한 방법이다. 농촌 인구의 이동과 생산능력의 한계로 농촌토지경영에 있어서 농촌토지수급경영권의 유동을 보장하는 것은 토지수급경영권제도를 개선하는 것이다. 중국의 현행 농촌토지수급경영권 유동 법률제도는 여전히 부족한 측면이 있다. 토지유동방식은 단일의 하도급(转包), 양도, 교환에서 비교적 복잡한 주식산입방식에 이르기까지, 이에 따른 일련의 문제들이 발생하고 있다. 정부가 농민이 취득한 가정토지수급경영권으로 주식산입(入股)을 허락한 것은 경영방식을 집약적으로 최적화하여 농촌토지의 수익 창출과 농민 수입의 증가를 실현하는 데 있다. 특히 주식산입기제에 따른 제도상의 문제점으로 토지재산권의 결함, 농민의 농지상실 후의 보장 문제, 토지주식산입 관리의 정체 등을 들 수 있는데 이에 대한 대책을 수립해야 할 것이다.

• 농촌택지사용권과 농촌건설용지사용권

중국 농촌택지사용권에 대한 법률은 물권법 제13조에 전체 4개 조문으로 되어 있다. 이는 원칙적인 규정에 지나지 않으며, 그 내용이 기존의 택지사용권에 비하여 새롭지 않다. 그런데 농촌택지는 집체경제조직 구성원의 자격과 연결되어 있으며, 일정한 범위에서 복리와 사회보장 기능을 담당하고 있다. 중국 농촌건설용지사용권은 토지 사용 목적에 따라 택지사용권, 향(진)촌 공공시설 공익사업 건설용지사용권, 향(진)촌 기업건설용지사용권으로 구분한다. 중국의 법률·법규는 농촌건설용지사용권이 유통을 허락하는 것에 대한 규정에서 제한적인 유통이라는 입장을 보이면서, 한 측면으로 농촌건설용지사용권이 거래로 하는 객체적인 유통이라고 여기고 있다. 이러한 농촌건설용지소유권상에서의 불평등한 제도는 기존의 도·농으로 이원화된 관리의 건설용지소유권제도가 토지사용권 시장과 농민단체의 집체이익에서 이미 어려운 국면에 처해 있다는 것을 보여주고 있다. 이러한 원인으로 인하여 다음과 같은 현상들이 나타났다.

첫째, 농촌건설용지사용권의 암거래 시장이 형성되었다.

둘째, 농촌택지사용권 매매는 사실상 존재하며, 대도시 근교에서 '소산권방(小産權房)'이 늘 존재하고 있다.

셋째, 외진 농촌에 대량의 '빈 마을(空心村)'이 나타나고 있다.

넷째, '도시 중의 촌(城中村)' 문제이다.

중국 개혁의 실무적인 관점에서 출발하여 농촌건설용지사용권은 그 유통의 현황과 현행 법률 규정을 고려하여 농촌건설용지의 새로운 제도적 부분을 검토해볼 필요가 있으며, 특히 농민의 토지권리에 대한 보장과 농촌집체토지 재산권제도에 대한 개선과 개혁이 있어야 한다. 그 주요 개선과 개혁 방안으로는 법률 제도상의 방안, 유통 관리 규범화, 농촌건설용지 유통의 조건·기한 및 범위의 명확화, 유통용도의 제한, 토지수익 분배관리제도의 개선, 소멸제도의 합리적인 규제 및 그 법적 책임 등을 들 수 있다.

그중 하나의 방안으로서 기존 법률제도의 변화가 없는 상황에서 충칭시는 농촌건설용지사용권 유통제도에 대하여 검토를 진행하였다. 2008년 12월 4일, 충칭농촌토지거래소가 정식으로 설립되었고, 이는 구체적으로 농촌토지도급경영권, 농촌집체건설용지사용권 및 농촌 미이용 토지의 사용권 거래를 위한 서비스 제공, 농촌토지 유동을 위한 정보와 자문 서비스를 제공하는 것을 책임지며, 법에 따라 기타 농촌토지 유동 서비스 등 업무를 인가한다. 충칭토지거래소에 진입한 주요 거래 품목은 토지실물거래와 토지지표 거래의 두 가지 업무로 구분한다. 토지실물거래는 경작지 등 농업생산용지, 임업용지, 미이용지의 사용권과 도급경영권 및 농촌집체경영성건설용시사용권 거래를 포함하고 있다. 특히 토지지표 거래는 절대농지를 확보하는 중국 정부의 정책에 부응하는 동시에 도시화 과정에서 필요로 하는 토지정책이라는 점에서 주목할 필요가 있다.

• 토지수용

중국 토지수용에 대하여 학계에서는 아직 의견의 일치를 보지 못하고 있다. 농촌집체토지에 대해 '농민집체'에 속한다는 이해 속에서 여러 의견이 존재하고 있다. 따라서 토지수용은 실무에서 많은 모순이 발생하고 있으며, 나아가 토지수용 보상의 표준, 범위와 분배에 영향을 미치고 있다. 토지수용제도의 개선은 사회발전을 이루는 데 이미 주요 관건이 되고 있다. 오직 전면적이고 심도 있게 토지수용제도의 개혁을 하고, 나아가 토지수용 보상, 안치제도를 개혁하고, 토지수용의 보상표준을 논의하며, 토지가 수용된 농민을 도시 · 읍에서와 같은 보장체계에 넣어, 이들 농민이 장기적인 생활을 보장받게 함으로써 비로소 중국 사회의 화해로 가는 데 크나큰 발전을 촉진할 수 있을 것이다.

3. 중국 토지개혁이 한중경제에 미치는 영향

한 국가의 제도를 이해한다는 것은 쉬운 것이 아니다. 그 지역의 문화와 환경을 이해하지 않은 상태에서는 더욱 어렵다. 한국과 중국의 관계는 갈수록 더욱 밀접한 관계로 변하고 있다. 특히 한국 투자자의 중국 진출이 빈번하게 이루어지고 있는 상황에서 중국토지제도를 이해하는 일은 반드시 필요하다. 또 하나 간과할 수 없는 부분은 북한의 개방에 따른 북한 토지법 변화에 중국의 제도가 유용하게 적용될 수 있는가 하는 것이다. 앞으로 이를 주의하여 볼 필요가 있다.

討論
答辯

토론2: 중국 정부의 농촌개혁

김명아 (한국법제연구원 부연구위원)

2011년부터 2015년까지 중국의 질적 성장을 높이기 위한 방향성을 제시하고 있는 중국의 '12차 5개년 계획(12·5 계획)'의 핵심 내용은 '포용적 성장'(최명해, '중국 12·5 규획의 주요 내용과 시사점', 〈SERI 경제포커스〉 제314호, 삼성경제연구소, 2010. 1. 26)이라고 요약할 수 있을 것입니다. 즉, 포용적 성장은 민생보장과 개선을 추구하고 발전방식의 전환을 통한 지속적 발전 가능성의 강화에 있다고 하겠습니다.

'국민경제 및 사회발전 제12차 5개년 계획 요강' 제2편에서는 강농혜농(强農惠農)을 통한 사회주의 신농촌 건설의 가속화에 대한 내용을 담고 있습니다. 농업의 현대화 추진과 도시와 공업의 발전을 통한 농촌 부흥 및 견인에 대한 메커니즘을 확립하고, 농민의 생활수준 향상이 그 목표로 되어 있습니다. 특히, 제7장에서는 도시와 농촌의 경제사회발전 일체화를 추구하기 위하여 사회주의 신농촌 건설계획을 수립하도록 하고, 제8장에서는 농촌의 발전체제와 메커니즘을 완비하도록 하는 내용을 담고 있습니다.

제8장 제1절 농촌의 기본 경영제도 수립과 관련한 내용을 소개드리자면 ①기존 농촌 토지도급 관계의 안정성을 유지하고, ②농촌토지의 권리를 확정하고 등록 및 증명서 발급 관련 업무를 확립하며, ③도급토지경영권에 관한 내용을 완비하여 도급토지에 대한 농민의 점유, 사용, 수익 등의 권리를 보장하도록 하고, ④도급토지경영권에 대하여 유상의 자발적 유통이 가능하도록 하여 다양한 형식의 규모 경영이 가능하도록 한다는 것입니다.

제2절의 도시와 농촌 발전 일체화 구축에 대한 내용에서는 ①도시와 농촌의 발전규획을 전면적으로 검토하여 인프라와 공공서비스 등 사회 관리체계에 대한 일체화를 촉진하도록 하고 있으며, ②도시와 농촌의 평등한 관계를 유지하도록 하여 건설용지에 대한 수급을 엄격하게 규범화하도록 하여 건설용지 시장을 통일화하고, ③토지 징발제도의 개혁을 통하여 징발 범위를 축소하고, 징발 보상기준을 높이며, 농촌의 집체경영건설용지의 유통과 택지 관리 메커니즘을 완비한다고 제시하였습니다.

제3절에서는 현 지역 경제발전의 활력을 증가시키기 위하여 ①성진급의 작은 도시에 행정관리 권리를 부여하고, ②현 지역이 자원우위와 비교우위를 발휘하도록 하여 과학적 산업발전 방향을 계획하며, ③노동집약형 산업과 농산품 가공업이 현과 진으로 집중되도록 지원하고, ④도시와 농촌의 분업과 협력을 통하여 합리적 산업 발전을 유도하도록 하고 있습니다.

중국이 이러한 12·5 계획에서의 농촌발전체계에 따라 관련 정책과 법령을 모두 체계화해나가야 하는 시점에서, 왕웨이궈 교수님이 논의하신 다양한 부분에 대한 법적 고찰은 아주 시의적절한 것이라고 생각합니다.

토지시장의 일체화를 이루기 위하여 개선해야 할 다양한 문제들을 비롯하여 농촌토지재산권의 보장에서 나타나고 있는 세 가지 문제점도 구체적으로 잘 지적해주셨습니다. 또한 이러한 재산권의 유통화 과정에서 나타날 수 있는 문제에 대해서도 집체소유의 도급토지와 국유건설용지의 사용권이나 농촌택지 등과 관련된 법적 문제점을 상세히 말씀해주셨습니다. 특히 농민의 이익을 최대화할 수 있는 토지거래시장을 조성하여 이를 엄격하게 관리하도록 해야 한다는 견해와 함께, 현재 중국 법체계상 당면한 각각의 문제점들과 이에 대한 개정 방향까지 잘 소개해주셨다고 생각합니다.

우리나라 투자자나 기업 입장에서도 중국의 농촌토지개혁과 그에 따른 향후의 입법 방향에 따라 농촌 개발과 건설에 필요한 다양한 투자 기회를 찾을 수 있을 것으로 보입니다. 특히 농촌경제의 발달과 도시-농촌 간 균형 발전을 통한 농촌 소비자의 잠재력을 감안한다면 그 가능성은 더욱 커질 것입니다. 따라서 중국의 농촌토지개혁에 대하여 지속적인 관심과 연구를 기울임으로써 중국 경제발전의 향방과 향후 투자 기회를 더욱 확대해나가야 할 것으로 생각합니다.

IV

동북공정과
혐한류를 넘어

한중 역사 갈등과 문화 교류

최광식 (고려대학교 한국사학과 교수, 전 문화체육관광부 장관)

한류(韓流), 화류(華流), 일류(日流, 和流)는
세계 곳곳에서 지지를 받고 있다.
국제정세의 가변성과 갈등 상황을 염두에 둔다면,
이러한 문제를 생산적이고 미래 지향적으로 해결할 수 있는 답은
결국 3국의 문화교류를 바탕으로 한 문화공동체 형성이 될 것이다.

01 한중교류의 역사

한국과 중국의 관계는 역사적으로 수천 년간 지속되어왔다. 중국 대륙과 한반도는 선사시대부터 관계를 맺어왔으며, 역사시대에 들어와 기원전 7세기 중국 측 자료에 '조선(朝鮮)'이라는 기록이 남아 있는 것으로 보아, 적어도 이때부터는 관계가 이루어졌다고 볼 수 있다. 그 이후 한국과 중국은 서로 우호적 관계를 갖기도 하고, 갈등과 대립의 시기를 맞이하기도 했다. 한사군의 경우 한 제국이 한반도를 침략하고 군현으로 삼아 한반도 세력과 갈등을 겪기도 했으며, 수와 당 시기에도 한반도에 침입하여 고구려와 전쟁을 벌였다. 그 이후 고려 대에는 요·금·원이 고려를 침략하여 대규모 전쟁을 겪기도 했다. 조선 왕조는 병자호란을 제외하고는 중국의 명·청 왕조와 비교적 원만한 관계를 유지했다고 할 수 있다.

이와 같은 대립과 갈등 속에서도 문화 교류는 지속해서 이루어졌다. 유교는 한사군 시기 한반도에 전래·수용되어 정치적 이념으로 활용되고, 나아가 일반인들의 생활철학과 윤리로서 자리를 잡게 되었다. 아울러 한자가 도입되어 지금도 문자생활에 일익을 담당하고 있다. 또한 인도에서 중국으로 전래한 불교는 중국이 한반도에 전해주고, 한국이 이를 발전시켜 전통문화의 맥을 이루는 많은 문화유산을 남기게 되었다.

개항 이후 서세동점(西勢東漸)에 따라 한국과 중국의 관계가 소원해지고 오히려 일본과의 관계가 밀접해졌으며, 구미 열강과 활발한 교류를 하여 문화적으로 서구 문화를 받아들이게 되었다. 더구나 일제강점기와 냉전시대를 맞이하여 한중관계는 더욱 멀어질 수밖에 없었다. 그러다 1992년 한중수교를 맺게 되면서 한중관계는 다시 가까워지는 단계를 맞이하게 되었다.

02 동북공정과 문화공정

한중수교 이후 한중관계는 급속하게 진전되어 수출과 수입에 있어 가장 활발한 교역국이 되었으며, 인적 교류도 가장 활발한 관계로 발전하였다. 따라서 인적 교류와 물적 교류에 따라 다양한 문화 교류도 활발해지고 자연히 서로의 역사와 문화에 관해서도 관심을 갖고 우호적인 관계로 발전해나갔다.

그러나 2002년 2월부터 갑자기 중국이 '동북공정(東北工程)'이라는 프로젝트를 통해 한국인들이 당연히 한국의 역사라고 알고 있는 고구려의 역사를 중국의 역사라고 주장하기 시작하면서 한국인들이 중국에 대한 불신을 갖게 되고, 결국 역사 갈등을 빚게 되었다. 더구나 이전 중국의 역사 교과서에도 고구려가 한국의 역사라고 기술되어 있어 이를 배운 중국인들조차 당황하게 하였다고 할 수 있다. 중국은 소위 '통일적 다민족 국가론(統一的 多民族 國家論)'에 의해 현재 중국 영토 안에 있는 지역의 역사는 모두 중국의 역사라는 논리에서 비롯하는 것이라고 항변하고 있지만, 오히려 그들이 주장하는 평양 천도 이전의 고구려사는 중국사이고, 평양 천도 이후의 고구려사는 한국사라는 '일사양용론(一史兩用論)'과도 맞지 않는다.

'동북공정'에 의한 고구려사 왜곡에 대해 한국에서 많은 비판과 항의가 있어 중국이 2007년 1월로 동북공정 프로젝트를 마쳤지만 사실상 동북공정에 의한 고구려사 왜곡은 지금도 그대로 진행되고 있다. 중국 사회과학원 변강사지연구중심(邊疆史地硏究中心)에서 주관하던 '동북공정' 프로젝트는 끝났지만, 고구려사를 한국사가 아니라 중국사의 일부라는 중국의 고구려사 왜곡은 동북3성의 사회과학원과 연구기관이 중심이 되어 계속 진행하고 있다. '동북공정'을 통하여 학문 후속세대들이 확대되고 그때 수탁한 연구과제들이 책의 형태로 속속 출간되고 있는 상황이다. 한국 정부의 항의에 따라 중앙정부 차원에서 진행하던 작업을 지방정부 차원으로 바꾸었을 뿐 고구려사 왜곡은 계속 진행되고 있다.

더구나 이제는 고구려사뿐만 아니라 고조선사와 발해사로 연구 영역을 확대하고 있으며, 동북 지역에 박물관을 증·개축하거나 신설하여 '동북공정'에서 이룬 연구 성과를 대중들에게 보여줌으로써 역사왜곡을 확대·재생산하고 있다. 또한 중국은 동북3성에 있는 고구려 문화유산과 조선족 문화유산을 활용하여 문화적 가치를 높이고, 관광자원으로 활용도를 높이기 위한 노력을 하고 있다. 고구려 유적과 발해 유적의 대형 조형물 설치와 박물관 설립 및 대규모 공원 조성을 통해 관광산업 확대를 유도하고 이들 각각의 유물에 대해 고구려와 발해의 문화유산이 중국의 문화유산이라는 인식을 갖게 하려는 것이다.

또한 조선족의 민속문화를 중국의 문화유산으로 취급함에 따라 한·중 간의 문화유산을 둘러싼 갈등이 초래되고 있다. 중국은 부채춤, 탈춤, 단오제 같은 전통 명절이나, 민요 〈아리랑〉 등에 대해 문화유산 지키기 캠페인 및 문화유산 연구를 진행하고 있다. 이는 전통문화의 선점과 홍보를 통해서 중국 조선족과 한반도의 연관성을 차단하기 위한 정치적 전략이라고 할 수 있다.

따라서 최근 한·중 간에는 문화적 갈등이 첨예하게 대립하고 있다. 이러한 갈등은 주로 유·무형의 전통문화유산 귀속을 둘러싸고 벌어지고 있다. '동북공정'에서 보여주었듯이 중국이 '통일적 다민족 국가론'을 내세워, 현재 강역에 속해 있는 소수민족의 역사와 문화를 중국 문화로 보고 있는 데서 갈등이 비롯되는 것이다. 중국은 문화유산 보호 강화를 내세워 중국 내 조선족의 문화를 새로 정비하여 중국의 문화유산으로 등재하였다. 고구려 고분군과 농악무를 중국의 문화유산으로 지정하고, 이어 유네스코 세계무형문화유산에 등재시켰다. 그리고 2011년, 〈아리랑〉을 국가 주요 무형문화유산으로 등재하여 한국인들의 분노를 일으키기도 하였다. 그 외 농악, 환갑잔치, 장구춤, 학춤, 널뛰기 등을 중국의 비물질 문화유산(무형문화유산)으로 등재하였다. 또한 농악무, 상모무, 그네타기, 퉁소, 전통혼례, 민속악기 제작, 전통복식도 문화유산에 포함했다. 앞으로 한민족의 전통문화가 유네스코 세계무형문화유산에 등재된다면 중국의 전통문화로 인식되게 될 것이다.

조선족과 몽골족은 여타 소수민족과 달리 모국이 존재하고 모국에서 전통문화가 잘 보존되어 계승되고 있다. 모국이 없는 중국 소수민족의 전통문화는 없어질 가능성이 있기 때문에 보존할 필요가 있지만, 한국과 몽골은 자신들의 전통문화를 잘 보존하고 있기 때문에 없어질 우려가 없다는 것은 중국이 더 잘 알고 있을 것이다. 더구나 〈아리랑〉은 한국인의 정서를 대표하는 것으로 전국 각지에서 다양하게 불리고 있으며, 한국인을 감성적으로 통합하는 기능을 하고 있다. 그런데 이를 중국의 무형문화유산으로 지정하고, 유네스코 세계무형문화유산으로 등재 신청한 중국의 태도는 한국인의 자존심을 짓밟은 것이다.

중국은 '동북공정'을 통해 고구려사를 왜곡함으로써 역사 갈등을 유발하고 있으며, '문화공정(文化工程)'을 통하여 한국의 문화유산을 중국의 문화유산으로 탈바꿈시키려 하고 있다. 따라서 오랜만에 가까워진 한국과 중국의 관계가 우호적으로 진전되지 못하고 역사 갈등과 문화적 불신을 초래하고 있다.

03 문화 교류: 한류와 혐한류

한편 대중문화에서는 한국 문화가 중국인들에게 많은 인기를 끌고 공감을 일으키는 이른바 '한류(韓流)' 현상이 나타났다. 1988년 서울 올림픽 직후 중국에서 최초로 한류 붐이 일기 시작한 뒤, 1991년 한국에서 방영된 TV드라마 〈사랑이 뭐길래〉가 1997년 중국 중앙방송(CCTV)을 통해 방영되어 13억 중국인에게 한류 드라마 붐을 일으켰다. H.O.T, 클론, 안재욱, 장나라 등 한국의 대중가수들에 열광하는 이른바 '하한쭈(哈韓族)'가 등장한 것도 이 무렵이었다. 드라마와 가요 등 한국 대중문화에 매료되고 열광하는 이런 현상은 대만, 홍콩 등 인근 중화권 국가로 번져나갔다. 특히 대만에서는 1997년 금융 위기를 맞아 한국의 원화가치가 절하되자 저렴한 한국 대중문화 상품이 일본 문화상품의 틈새시장을 통해 확산되었고, 1998년 클론이 인기를 얻으며 한류 현상이 본격화되었다.

'한류'라는 표현이 처음 등장한 것도 이즈음으로 1999년 5월 북경에서 발행된 〈북경청년보〉에서 이 단어를 사용하기 시작했다. 중국의 청년들이 한국의 유행가나 TV드라마, 영화, 패션 등에 매혹되는 현상을 '한류'라고 표현한 것이었다. 그 후 '한류'가 국내 언론에서 본격적으로 사용되기 시작한 것은 2000년 2월 북경에서 열린 아이돌 그룹 H.O.T의 공연이었다.

그러나 성장세에 있던 한류가 '혐한류(嫌韓流)' 또는 '반한류(反韓流)'라는 복병을 만난 것은 2005~2006년경이다. 2007년 이후로는 확연한 내림세를 보였다. 2005년 중국에서 방영된 한국 드라마는 총 64편이었지만 2006년에 36편, 2007년에는 30편으로 급감한 것이었다.

한류에 대한 새로운 전기를 마련해준 것은 아이돌 그룹을 중심으로 한 K-Pop 열풍으로 이른바 '신한류'이다. 아이돌 그룹이 1990년대 후반 중국에서 한류 바람을 일으킨 지 10여 년 만에 한국 가수들의 아시아 진출이 다시 본격적으로 시작되었다. 싸이는 2013년 '강남스타일'로 유튜브 조회 수가 18억 건에 이르렀고, 빌보드차트 7주 연속 2위를 기록했다.

한류 현상으로 가장 가시적인 영향을 받고 있는 것이 관광 분야이다. 2009년부터 한국을 찾는 외래 관광객이 해마다 100만 명씩 늘고 있으며, 특히 중국 관광객의 증가세는 폭발적이어서 2013년에는 일본을 제치고 가장 많은 방문자 수를 기록했다. 2012년에는 일본인 관광객이 330만 명, 중국인 관광객이 230만 명이었는데,

한류에 대한 새로운 전기를 마련해준 것은
아이돌 그룹을 중심으로 한 K-Pop 열풍으로
이른바 '신한류'이다.

아이돌 그룹이 1990년대 후반
중국에서 한류 바람을 일으킨 지 10여 년 만에
한국 가수들의 아시아 진출이 다시 본격적으로 시작되었다.
싸이는 2013년 '강남스타일'로
유튜브 조회 수가 18억 건에 이르렀고,
빌보드 차트 7주 연속 2위를 기록했다.

2013년에는 중국인 관광객 392만 명, 일본인 관광객 272만 명이 되었다. 2012년 11월 1000만 명째 외래 관광객이 된 중국인 모녀에게 물었더니, 어머니는 드라마를 통하여 한국을 알게 되었으며, 딸은 K-Pop을 통하여 한국을 좋아하게 되었다고 대답했다. 또한 가장 사고 싶은 한국 물건으로 어머니는 한국 옷을, 딸은 화장품을 꼽았다. 모녀는 내년에 또다시 친구들과 함께 한국을 방문하고 싶다고 말했다.

이처럼 앞으로 중국인 관광객들은 더욱 늘어날 전망이며, 여기에 '한류'가 중요한 역할을 할 것으로 보인다. 따라서 '한류'를 다양화하면서 현지화하여 '혐한류'를 최소화하는 전략이 필요한 것이다. 그런 면에서 가장 중요한 것은 일방적인 확산이 아니라 상호교류를 확대하는 것이라 할 수 있다.

2012년은 한국과 중국이 수교를 맺은 지 20년이 되는 해로, 한국에서는 이를 기념하기 위한 다양한 행사가 열렸다. 한중수교 20주년 기념공연에서는 중국의 전통예술인 '평탄'과 '월극'의 배우들이 한복을 차려입고 한국 고유의 창극인 〈춘향전〉을 공연하였다. 여기에 한국 전통의 소리이자 세계무형문화유산인 판소리가 어우러진 공연이 펼쳐졌는데, 공연의 높은 완성도와 예술성이 깊은 감동을 느끼게 해주었다. 이처럼 공동으로 기획하고 제작하는 문화예술 행사를 확대해가면서, 드라마나 영화도 공동으로 기획하고 제작하는 단계로 발전시켜나가야 할 것이다.

04 상생의 길: 동아시아 문화공동체를 위하여

앞에서 보았듯이 동아시아에 위치한 세 나라 한국, 중국, 일본은 그 지정학적 위치와 한자 문화권이라는 공통된 배경으로 인해 일찍부터 긴밀한 관계를 맺어왔다. 불교나 유교 같은 종교나 사상은 세 나라의 전통문화를 형성하는 데 공통으로 크게 기여하였다. 물론 그러면서도 3국은 또한 각각의 고유한 문화를 발전시켜왔다.

3국의 문화 교류에서는 대체로 중국으로부터 선진 문화가 한국과 일본으로 전래된 측면이 크게 주목되기 마련이지만, 교류는 쌍방적이므로 어느 한쪽이 일방적으로 전해주기만 하는 현상에는 교류라는 말을 붙이지 않는다. 그러므로 한·중·일 3국의 문화 교류를 이야기할 때에는 3국이 다른 두 나라로부터 받은 것과 전해준 것을 함께 고려해야 한다. 오늘날 많은 세계인들이 공감하는 한·중·일 3국의 문화예술은 이러한 교류의 산물이다.

세 나라는 오랜 역사적 경험을 공유해왔고, 동북아시아의 경제공동체, 문화공동체로서 세계에 기여할 만한 역할도 크다. 경제공동체의 성립을 위해 한·중·일은 이미 FTA 협상 개최에 대한 논의를 시작하였다. 또한 동아시아의 평화와 안정에 기여하고 경제협력 및 관계개선, 재난대책 등의 강화를 목적으로 한중일 정상회의가 2008년부터 매년 개최되고 있기도 하다.

현재 한·중·일 간에는 역사, 영토, 교과서 문제 등에서 다양한 견해 차가 있기는 하지만 긴밀한 관계를 유지하면서 대화의 끈을 놓지 않고 있다. 그 소통 과정에서 교류와 협력을 활성화하고 공감대 형성의 기반을 마련한다는 의미로, 문화 부분에서의 협력이 더욱 중요하게 여겨지고 있다. 이 점은 민간과 정부가 함께 노력해야 할 부분으로, 정부 차원에서는 이미 한중일 문화장관 회의가 여러 차례 열려 3국의 문화 협력에 대해 가시적인 비전을 내놓기도 하였다.

2012년 5월, 4차 한중일 문화장관 회의에서는 '문화협력 액션플랜'이 제정, 통과되었다. 상하이 액션플랜이라는, 3회에 걸친 한중일 문화장관 회의 성과를 토대로 아시아 문화공동체 형성을 위한 구체적 실천방안을 담고 있다. 상하이 액션플랜을 통해 한·중·일 3국은 '평화우호·평등호혜·협력강화·공동발전'이라는 원칙에 근거해 향후 3년간 문화 분야에서 협력할 것을 약속하였다.

그 구체적인 내용에는 ①동아시아 문화예술도시, ②한중일 예술제(또는 동아시아 예술제), ③한중일 정상회담 연계, 문화행사 정례화 ④지속적인 문화유산의 보호와 협력 추진, ⑤문화산업 교류·협력 강화, ⑥문화예술교육 교류·협력 강화, ⑦지적 재산권 분야 교류·협력 강화, 한중일 청소년 예술가 교류 행사 지원 등이 포함되었다. 또한 한일, 한중 양자회담을 통해 일본, 중국과의 문화 교류·협력에 관련된 현안들을 적극적으로 추진할 것을 합의하였다.

한·중·일 3국의 문화적 자산은 세계 어느 나라에도 뒤지지 않는다. 3국은 유구한 역사를 통해 빚어진 전통문화와 탁월한 독창성에 기반을 둔 현대예술, 그리고 세계적 경쟁력을 지닌 대중문화 상품이 다채롭게 공존하는 문화국가로서 손색이 없다. 한류(韓流), 화류(華流), 일류(日流, 和流)는 세계 곳곳에서 지지를 받고 있다. 국제정세의 가변성과 갈등 상황을 염두에 둔다면, 이러한 문제를 생산적이고 미래 지향적으로 해결할 수 있는 답은 결국 3국의 문화 교류를 바탕으로 한 문화공동체 형성이 될 것이다.

유럽연합(EU)의 창시자 장 모네(Jean Monnet)도 "다시 공동체를 시작한다면 문화 교류부터 시작했을 것"이라면서, 문화의 중요성을 강조한 바 있다. 이는 정치·경제적인 통합이 선결되어도 문화 교류를 통한 정서적 통합이 모자랄 경우, 공동체의 안정성과 기능적 효율성이 훼손될 수밖에 없기 때문이다. 그런 점에서, 한·중·일 3국의 문화장관이 매년 만나서 문화발전과 교류 활성화 방안을 논의하는 것은 그 의미가 매우 크다.

한류의 확산은 중국과 일본에 드라마를 수출하면서부터 시작되었다. 이는 3국이 같은 드라마를 보면서 즐길 수 있는 공통적인 감성을 가지고 있다는 뜻이기도 하다. 앞으로 한류는 전통문화와 순수예술, 패션, 문학, 한식 등 여러 분야로 다양하게 발전해나가야 할 것이다. 그러나 문화 교류가 일방적일 때에는 오해나 거부감이 생길 수 있는 만큼 꼭 쌍방향 교류가 전제되어야 한다. 또한 3국이 따로따로 해오고 있는 문화유산의 보존 측면에서 앞으로 북한을 포함해 상호 교류·협력을 넓히는 것이 바람직할 수 있다.

《논어(論語)》〈안연편(顏淵篇)〉에는 '이문회우(以文會友)'라는 말이 있다. 이는 "군자는 학문으로써 벗으로 삼는다"는 뜻이다. 이문회우의 '학문'을 '문화'로 해석한다면, 3국은 '이문회우'처럼 문화예술 교류로써 서로에게 더욱 좋은 파트너가 될 수 있을 것이다. 법고창신(法古創新), 즉 "옛것을 본받아 새로운 것을 창조한다"는 정신으로 전통문화를 발전시키고 교류와 협력을 강화한다면, 공동의 번영을 이루고 더 큰 결실을 볼 수 있을 것이다.

05 역지사지: 상호존중의 문화 교류를 위하여

한국과 중국은 역사적으로 불가분의 관계를 갖고 때로는 우호관계를, 때로는 갈등과 대립관계를 지속해왔다. 그러나 무엇보다도 문화적 입장에서는 상호교류를 단절 없이 지속해왔다. 한국과 중국, 일본은 기본적으로 한자 문화권이라고 할 수 있다. 한자는 한글이 창제된 이후에도 사용되어 지금까지도 문자생활의 일익을 담당하고 있다. 오히려 중국은 한자보다도 간편한 간자체를 사용하고, 일본은 약자체를 개발해 사용하고 있지만, 한자(繁體字)를 지속해서 사용하고 있는 것은 한국이다. 그렇다고 한국에서 한자의 유네스코 세계무형문화유산 등재를 신청한다면 중국이 과연 좋아할 것인가?

한국과 중국과의 관계에서 가장 중요한 것은 역지사지(易地思之)

의 자세라고 할 수 있다. 상대방의 처지를 잘 이해하고 존중하는 자세가 필요하다. 중국에서는 '동북공정'을 통해 고구려사를 중국사라고 주장하면서 차이점은 인정하고 같은 점을 추구하자는 '구동존이(求同存異)'를 이야기하지만, 이는 갈등을 해결할 수 있는 것이 아니다. 적어도 같지는 않지만 서로 존중하고 조화를 모색하는 '화이부동(和而不同)'의 단계로 진전되어야 할 것이다.

그런 점에서 2013년 정상회담 당시 한국과 중국이 쌍방의 문화를 서로 존중하고 문화를 교류하는 기구로서 '한중 인문연대'를 구성하기로 한 것은 매우 바람직한 결정이었다. 그러나 '동북공정'이나 '문화공정'과 같은 정치적 전략을 그대로 두고는 진정한 상호존중과 쌍방 문화 교류의 활성화는 공염불에 지나지 않게 될 것이다. 한류도 일방적인 확산보다는 중국의 문화적 환경을 고려하여 공동으로 기획하고 제작하는 공동 프로젝트를 추진해나가야 '혐한류'를 극복하고 상생할 수 있을 것이다. 문화 교류는 '일방적'이 아니라 '쌍방적'이어야 오래 생명력을 지속할 수 있다.

참고문헌

●

1 조법종 외, 《한중관계사 연구의 성과와 과제》, 국사편찬위원회, 2003.

2 박승준 외, 《중국의 급부상-한중관계를 어떻게 할 것인가》,
세종대학교 세종연구원, 2011.

3 이천석 외, 《중국의 동북공정과 한국고대사》, 주류성, 2012.

4 최광식, 《한류로드-전통과 현대의 창조적 융화》, 나남출판사, 2013.

5 최광식, 《실크로드와 한국 문화》, 나남출판사, 2013.

6 오승연 외, 《한국 문화의 이해》, 고려대출판부, 2013.

토론1: 인문유대 강화와 역사 문제

노기식 (동북아역사재단 연구위원)

한국과 중국이 수교한 지 20년 동안 외교통상 관계에서 폭발적인 발전이 있었습니다. '학술적으로 그간의 경험을 통해서 학술적인 연구가 필요한 것이 아니겠느냐'라고 하여 최근 외교부 산하에 국립외교원이 발족하고, 대학에 중국연구소들이 다시 생기는 등의 변화에서도 그런 분위기가 느껴집니다. 그런 의미에서 원광대학교 한중관계연구원의 개원도 최근의 추세 중의 하나이고, 앞으로 큰 활약을 하리라 기대합니다.

한중관계연구원 조직을 보니 정치외교, 법률, 통상산업과 더불어 역사문화연구소를 두고 있습니다. 처음에는 대개 외교통상을 위해서 접근하는 데 있어 '상대방의 역사와 문화에 대해서 깊은 이해가 있어야 한다'는 일반적인 필요성에서 역사문화 부분을 포함하지 않았나 하는 생각을 했습니다. 일반적으로 외교통상과 병행되는, 언어와 전통문화를 포함한 일반적인 역사문화라고 할 수 있습니다. 최근에는 인문 영역이라는 말로 표현합니다. 그런데 오늘 최광식 교수님께서 '한중관계에서 역사문화가 또 다른 의미를 갖고 있다'는 것을 잘 설명해주셨습니다. 또한 '한중수교 이후에 양국 간의 역사와 문화가 외교 문제이고, 또 곧바로 통상 산업의 문제이다'라고 하는 점을 아주 구체적인 실례를 들어서 설명해주셨습니다. 내용은 들으셨다시피 동북공정으로 인한 역사분쟁, 전통문화의 귀속 문제, 한류와 혐한류 문제, 관광 인구의 확대 등과 같은 예를 들어주셨습니다.

역사 문제가 국가 간에 중요한 의미가 있는 것은 서유럽에도 사례가 있었지만, 특히 동북아시아에서는 한·중·일 3국 간의 관계가 갖고 있는 주요한 특징 중 하나라고 할 수 있습니다. 일본과의 문제는 지금까지 계속되고 있지만 좁은 의미에서 "정치적 역사문화 문제다"라고 표현하는 분들도 있습니다. 구체적인 내용에 대해서는 다시 언급할 필요가 없다고 생각합니다. 한·중 양국은 정치, 외교, 안보 면에서 평화안정을 위한 협력관계를 강화하고 무역, 통상, 산업 측면에서는 공동 번영의 협력관계를 추구하고 있습니다. 나아가서 한·중·일 간의 동북아 공동체 구상까지도 거론되고 있습니다. 이러한 한·중·일의 협력관계 발전을 가로막고 있는 것이 역사인식 문제입니다. 영토 문제도 역사 문제에서 기인하는 측면이 있다고 볼 수 있습니다. 문화 문제도 우호관계를 확대시키는 긍정적인 측면이 있는가 하면, 상호 간의 혐오감 내지는 증오의 감정을 극대화시키는 부정적인 측면도 존재하고 있습니다. 역사와 문화가 국가의 체제나 국가의 정책, 문화, 전통 등과 결합해서 예기치 않는 부작용으로 나타나기도 합니다. 그래서 원론적으로 역사문화에 대한 연구 필요성이 그간의 한중교류의 경험을 통해서 더욱더 절실하다고 하는 것을 누구나 공감을 하게 되었습니다. 이러한 부분에서 앞으로 원광대학교 한중역사문화연구소의 활약을 기대하겠습니다.

최광식 교수님께서는 미래 상생의 길로서 동아시아 문화공동체 구상에 대해서 말씀해주셨습니다. 실제로 3국의 문화 당국자들이 협력방안을 진행하고 있는 사항으로서 앞으로 더욱 가시적인 성과가 나타나리라고 봅니다.

최근 우리 정부에서도 인문유대 강화, 인문 교류 확대 등과 같은 정책을 추진하고 있는 걸로 알고 있습니다. 여기서 '인문'이라고 하는 것은 우리가 일반적으로 이해하는 언어나 문학, 사학, 철학 등의 '인문과학'이 아니라 인간과 인간 사이에서 이뤄지는 모든 활동과 교류를 포함하는 포괄적인 개념이라고 할 수 있습니다. 그래서 교류의 대상으로 학술 교류, 청소년 교류, 지방정부 간의 교류, 전통·예능 측면에서의 교류 등과 같은 것들을 먼저 추진하려고 준비 중인 것으로 알고 있습니다. 한·중 간의 논쟁적인 것을 떠나 양국 간의 발전을 위해 인문학적인 측면에서 논의해볼 수 있는 것 중 앞에서 논의되지 않은 측면에 대해서 한두 가지만 말씀을 드리고자 합니다.

지금 한·중 양국 간의 상호 인문학적 연구가 좀 더 활성화되어야 하지 않겠는가 하는 생각을 합니다. 우리의 경우, 중국 연구라고 하는 것이 근대 이후 약 1세기간 거의 단절 상태에 있었습니다. 물론 대만이나 홍콩을 통해서 꾸준히 유지가 되긴 했지만, 중국의 근대화 과정이나 사회주의화 과정에 대한 연구 성과가 한·중 간 교류의 양에 비해서는 축적이 되어 있지 않았기 때문에, 이런 측면에서 그동안 못 해온 연구에 박차를 가해야 하지 않겠는가 하는 생각을 합니다. 그리고 역사 연구 문제를 볼 때 인문학적 연구에 있어서 양국 간의 공동연구 등을 확대해야 하는데, 양적으로는 굉장히 많이 늘어났지만 무언가 가시적인 공동의 연구 화제 등에 대해서는 미흡한 측면이 있지 않았나 생각합니다. 상대에 대한 단선적인 이해를 넘어서는 양자 간, 다자 간에 '동아시아'라고 하는 영역 내에서의 상호이해를 바탕으로 하는 연구가 확산되어야 할 것입니다.

두 번째로 서로에 대한 이해를 높이기 위한 교육, 특히 학생이나 일반인들의 상호이해 확대를 위한 체계적인 논의가 있어야 한다고 생각합니다. 수교 이후에 많이 확대되었지만, 아직도 우리의 학교에서 중국 또는 동아시아에 대한 내용이 소략하고, 중국에서도 한국에 대한 내용 소개와 같은 것들이 굉장히 소략한 상태에 있습니다. 이전의 우리가 중국을 '죽의 장막'이라고 배우던 그 시절의 교육 내용에서 많이 진보한 것 같지 않습니다.

그래서 앞으로 주변국에 대한 이해를 좀 더 심화시켜서 우리의 젊은이들이 안방처럼 여기고 자기 활동무대로 활용할 수 있는 미래의 동아시아를 육성하는 전략을 마련해야 하지 않겠나 하는 생각이 듭니다. 물론 양국에 6~7만에 달하는 유학생들이 있지만 이 유학생들을 좀 더 체계적으로 관리해 유학의 효과, 성과를 높일 수 있는 육성 방안 내지는 활용 방안 등에 대해서 논의를 해야 한다고 생각합니다.

역사 문제와 관련해서 최광식 교수님께 마지막으로 한두 가지 질문을 드리겠습니다.

지금 한국에서 나름대로 우리 근대 국민국가 이후의 역사 서술 문제의 폐단을 넘어서는 방법으로서 '동아시아사'라는 지역사 개념을 도입하여 이것을 고등학교 교과목으로 개설했습니다. 한국사 연구와 역사분쟁 문제에 대해서도 오래 연구해오신 교수님께서 이 부분에 대한 효용성, 실용성과 같은 것들을 어떻게 평가하시는지 말씀해주시면 좋겠습니다.

또 하나는 한·중 양국 간의 역사 문제에 대해서 중국 측의 대다수 학자들은 "이것은 학술 문제이기 때문에 정치화하는 것은 잘못된 것이고, 학술 문제일 뿐인데 과거의 역사 문제를 왜 현재의 문제로서 거론하느냐?"고 주장합니다. 그런 측면에서 국가 단계에서의 정책적인 판단도 필요하다고 생각하지만, 역시 학술 문제의 측면으로 연구해야 할 과제들도 없지는 않다고 보는데, 현재 한·중 양국 간의 역사 문제나 두 나라 사이의 외교통상을 저해하지 않는 부분에서 일단 일시 봉합된 것 같습니다. 앞으로 학술 문제 차원에서 격렬한 논쟁을 진행해야 할 텐데 새로운 구상에 대해 알려주시면 큰 도움이 될 것 같습니다.

討論
答辯

토론2: 동북공정과 조선족 민속문화

진타이궈 (金泰国, 연변대학 역사문화학부 교수)

앞서 노기식 선생님께서 전체적인 논평을 해주셨기 때문에 저는 그 것을 피해서 중국 조선족이자, 연변에서 공부하는 학자로서 최광식 교수님께 두 가지 정도만 이야기하고자 합니다.

첫 번째는 교수님께서는 동북공정이 한국에서 많은 비판과 항의 가 제기되어 2007년 1월에 중단됐다고 이야기하고 계십니다. 그런 데 제가 보건대 이것은 한국의 비판과 항의 때문에 그친 것이 아닙 니다. 중국에는 서남공정이 있었고 그것에 이어서 동북공정을 진행 했으며, 지금은 서북공정이라는 것을 하고 있습니다. 아마도 이 문 제는 전체적인 국가적 차원의 문제가 아닌가 하는 생각을 해보았습 니다.

두 번째는 "조선족의 민속문화를 중국의 문화유산으로 취급함에 따라 한·중 간의 문화유산을 둘러싼 갈등을 초래하고 있다"는 문장 이 있습니다. 여기에 대해 제가 중국 조선족으로서 보기에 두 가지 문제가 있는 것이 아닌가 하는 생각을 해봅니다.

하나는 "조선족의 민속문화를 중국의 문화유산으로 취급하였다"고 하셨는데, 교수님께서는 조선족의 민속문화를 중국의 문화유산으로 취급하지 말아야 한다고 생각하시는 것 같습니다. 아마도 여기 앉아 계시는 많은 한국분들도 그렇게 생각하실 것 같습니다. 그런데 교수님께서는 전체적인 논문의 논지 가운데 한·중 간 문화 교류에 중요한 것이 역지사지라고 이야기하셨습니다. 저는 그것을 넓게 해석해서 한·중 간뿐만 아니라 한국과 중국 조선족의 관계에서도 역지사지를 해봐야 하지 않는가 하는 생각을 합니다. 이것은 중국 조선족의 귀속 문제입니다. 중국에는 약 200만 명의 조선족이 살고 있는데, 이들이 한국인이냐 중국인이냐 하는 문제는 이 자리에서 해결될 것 같지 않습니다. 하지만 우리 정체성 문제, 귀속 문제이기 때문에 한국분들은 중국 조선족의 문제를 역지사지의 관점에서 봐줬으면 하는 바람입니다.

다른 하나는 중국의 조선족 문화유산에 대한 연구, 캠페인 등이 전통문화의 선전과 홍보를 통해서 중국 조선족과 한반도의 연관성을 차단하려는 정치적 전략이라고 하셨습니다. 한국분들에게는 그렇게 보일 수 있지만 제가 중국에 사는 조선족으로서, 거기서 생활하고 있고 중국 조선족을 연구하는 학자로서 생각하건대, 이것은 중국 내 56개의 여러 소수민족의 문화유산에 대한 정비 차원이거나, 중국 내부의 사정이 먼저 고려된 것이 아닌가 하는 생각을 해보았습니다. 저의 토론은 이쯤에서 마무리하겠습니다.

討論
答辯

답변: '화이부동'의 단계로 올라서기 위하여

논문을 잘 봐주시고 구체적인 좋은 질문을 해주셔서 감사합니다. 먼저 동아시아 교과서가 지금 교육현장에서 제대로 활용되고 있는지에 대해서는 정확하게 점검해보지 않았습니다만, 문제가 있다 하더라도 일단 한·중·일 공동으로 동아시아 역사 연구를 지속해나가는 것이 좋지 않을까 생각합니다. 중국에서는 한·중 간의 역사 문제를 학술적인 문제라고 하는데 이것은 사실 정치적이라고 할 수 있습니다. 제가 한국 사람이라서가 아니라 중국은 정치적으로 다루고 있고, 한국은 학술적으로 다루고 있습니다. 하지만 중국은 표현만 학술적으로 하고 있고, 실질적으로는 정치적으로 하고 있습니다. 반면 한국은 학술적으로 하고 있지만, 정치적인 것처럼 보이게 하고 있습니다. 우리가 동북아역사재단을 만든 이유도 그것에 있습니다.

그리고 중국이 정치적이라는 것은 다른 걸 떠나서 동북공정을 주관한 기관이 중국 국무원 소속의 사회과학원 변강사지연구중심인데, 이곳이 국책기관이기 때문입니다. 이것은 누가 봐도 정치적이라고 할 수 있습니다. 그리고 끝났다고 표현한 것은 변경사지연구중심에서 진행하던 것이 끝났다는 뜻입니다. 또한 우리의 항의와 비판 때문에 중단되었다고 표현한 것은, 사실상 중국은 우리가 항의하지 않았다면 계속 지속했을 것이라고 보기 때문입니다. 그렇지만 이러한 항의가 있어서 사회과학원 변강사지연구중심에서 주관하는 것은 끝을 내고, 지방정부로 내려간 것이라는 표현으로 말씀을 드렸습니다.

제가 발표문 말미에 "가장 중요한 것은 역지사지다"라고 썼습니다. 서로 상대방의 입장에서 보자는 것입니다. 중국은 통일적 다민족 국가론에서 영토 중심으로 보고 있고, 한국은 혈통 중심으로 보고 있다 하더라도 역사적 사실을 왜곡해서는 안 되는 것이 기본입니다. 그리고 조선족의 문화유산을 중국 문화유산으로 간주하는 것에 대해서 우리가 의혹의 눈초리를 보내는 것은 중국이 동북공정을 진행하고 나서 바로 시행한 것이기 때문입니다. 동북공정이 정치적이듯이, 이 또한 정치적인 함의를 갖고 있다는 의심의 눈초리로 볼 수밖에 없는 것입니다. 더 중요한 것은 조선족의 조국은 당연히 중국입니다. 다만 모국이 한국이 될 수는 있겠습니다. 그런데 중국의 입장에서는 조선족도 55개 소수민족 중 하나이기 때문에 조선족의 문화도 중국의 문화라고 할 수는 있습니다. 하지만 제가 문제를 제기한 것은 그것을 세계문화유산으로 등재했다는 것입니다. 특히 중국이 한국의 〈아리랑〉을 세계문화유산으로 등재하려는 것은 정말

이해할 수 없는 문제입니다. 저는 조선족의 입장에서도 이것은 잘 생각해봐야 할 문제가 아니냐는 의미로 말씀을 드린 것입니다.

　그리고 어찌 되었건 중국분들과 이야기하다 보면 조선족에 대한 시각 차가 있습니다. 발표문에서도 말씀드렸듯이 외교적인 표현이지만 '구동존이(求同存異)', 먼저 같은 것부터 하고 다른 것은 차츰차츰 해나가는 단계에서 '화이부동(和而不同)', 같지는 않지만 그래도 접합점을 찾아나가는 단계로 올라가야 한다고 생각합니다. 그런 면에서 저는 한국과 중국이 쌍방의 문화를 서로 존중하고 교류하는 입장에서 한중 인문연대를 구성하기로 한 것은 매우 바람직하다고 생각합니다. 동북공정이나 문화공정 같은 정치적인 전략 등을 그대로 두고는 진정한 상호존중과 쌍방의 문화 교류 활성화는 공염불에 지나지 않겠는가 하는 것을 우려해서 말씀드린 것입니다. 그리고 한국은 한류를 일방적으로 전파해서 혐한류, 반한류가 생기게 하기보다는 다른 문화, 즉 중국의 문화나 일본의 대중문화도 긍정적, 적극적, 개방적으로 받아들여 쌍방 교류가 이루어질 수 있도록 해야 한중일 문화공동체를 향해 한발 한발을 내디딜 수 있다고 생각합니다.

V

중국이라는 축복,
혹은 재앙

변화하는 중국 경제상황과 통상환경

한우덕 (중앙일보 중국연구소장)

우리나라는 이제까지 우리나라에서 제품을 만든 뒤,
치열한 국내 시장에서 제품 경쟁력을 가지고 돈을 벌면,
그것으로 중국에서 비즈니스를 하는
spill over 형태의 비즈니스가 많았습니다.
그러나 앞으로는 start from china,
즉 제품을 준비할 때부터 오로지 중국 소비자만을 겨냥한
상품이나 서비스를 기획해야 할 것입니다.

01 축복 혹은 재앙

최근 저는 중국을 볼 때마다 중국이라는 나라가 과연 우리나라 경제에 어떤 존재인가에 대해 생각해보게 되는데요. 요즘에는 "우리나라 경제에 중국이라는 존재는 축복과 같은 존재"라고까지 표현합니다. 왜냐하면 1992년 한중수교 이후 우리나라의 많은 임가공 업체들이 중국으로 건너갔지요. 그 업체들이 중국에 가서 부가가치가 낮은 산업을 중국으로 옮기고, 한국에서는 그 공장에 필요한 중간재, 비교적 부가가치가 높은 것들을 만들어서 중국에 수출했습니다. 그래서 중국이 계속 발전하면 할수록 우리나라 경제가 함께 발전하는 형태의 산업협력이 이루어진 것이죠. 그런 결과 우리가 1997년이나 2008년의 금융위기, 아시아 위기를 극복할 수 있었던 데에는 한중 산업협력이 큰 힘으로 작용했다고 볼 수 있습니다. 하지만 '앞으로도 중국이라는 존재가 우리 경제에 축복과 같은 존재가 될 것인가?' 하는 점에서는 누구도 장담할 수 없습니다. 오히려 우리가

하기에 따라서는 중국이라는 존재가 우리에게 재앙을 주는 존재가 될 수도 있습니다.

02 커플링: 중국에 대한 의존성 심화

간단한 예로 우리나라의 대중국 수출 품목을 보면 가장 많이 수출되는 것이 반도체와 LCD입니다. 보통 전체 중국 수출의 20%를 차지하는데요. 여기서 흥미로운 것은 이 반도체와 LCD가 지금 전부 공장을 중국으로 옮기고 있다는 겁니다. 삼성 같은 경우에는 시안에 어마어마한 돈을 투자해서 반도체 공장을 짓고 있고, LCD 역시 LG와 삼성이 모두 중국으로 공장을 옮기고 있는 중입니다. 공장을 중국으로 옮기면 공장과 함께 일자리도 넘어가는 것이죠. 마치 산업의 블랙홀처럼 우리나라 경제, 우리나라 기업이 점점 중국에 빨려 들어가는 모습을 보면서 우리가 앞으로 어떻게 하느냐에 따라서 중국이라는 존재가 이제까지와는 달리 한국 경제에 아주 좋지 않은 영향을 미치는 존재가 될 수도 있을 것이라는 생각을 했습니다.

한편으로 최근 들어서 밀려오고 있는 중국 관광객들을 보면, 우리 경제에 미치는 긍정적 측면을 생각할 수밖에 없습니다. 최근 세계경제 상황이 굉장히 안 좋은데도 우리나라 경제가 지난 2~3년간 이 정도나마 버티고 성장할 수 있는 요인이 무엇이었는가? 그것을 보통 우리가 세 가지 상품이라고 이야기하지 않습니까? 그 첫 번째는 여러분들 주머니에 있는 갤럭시, 말하자면 핸드폰이 지금 우리나라 사람들을 먹여 살리고 있는 것이죠. 두 번째는 자동차이고, 세 번째가 바로 관광객입니다. 중국 관광객들이 우리나라에서 쓴 돈이 우리나라 유통경제를 지탱해주는 큰 역할을 했습니다. 그래서 우리나라가 이나마 유지하고 사는 데는 중국 관광객의 영향이 컸다고 할 수 있습니다. 우리나라 첨단 IT업종이 중국으로 빨려 들어가는 현상, 중국에서 쏟아져 들어오고 있는 관광객들이 우리나라 경제에 새로운 힘을 주고 있는 현상을 어떻게 봐야 할 것인가에 대해 많은 고민을 하게 됩니다.

또 하나는 요즘 협상이 진행되고 있는 FTA에 관한 것입니다. 한중FTA가 체결되면 우리나라와 중국 간의 경제협력 패러다임이 다시 한 번 바뀌게 됩니다. 1992년 중국과 수교한 이후 우리나라에는 두 차례의 중국 투자 무역 붐이 있었습니다. 처음의 붐은 한중수교 직후인 1992~1997년이었습니다. 두 번째 붐은 중국이 WTO에 가입한 2001년 이후 약 3~4년간 이루어졌습니다. 제 생각엔 우리나라가 중국과 FTA를 체결하게 되면 제3차 붐이 올 것 같습니다. 그것은 제가 뉴스를 계속 다루었던 사람으로서 보게 되는 흐름입니다. 그렇게 새롭게 오게 될 붐, 중국 붐은 이전과 어떻게 다른 형태일 것인지, 그리고 그것은 어떻게 시작될 것이며, 우리에게 어떤 영향을 줄 것인지를 파악하고 준비하는 게 굉장히 중요합니다.

우리나라와 중국과의 그동안의 경제협력 관계를 보면 여러 가지 특징이 있는데요. 첫 번째는 중간재 위주의 교역이 중심이었다는 것입니다. 두 번째는 투자가 교역을 낳는 투자 연동형 교역이었다는 것이죠. 세 번째는 중국에서 조립하여 중국 소비자에게 판매하는 것보다는, 오히려 중국에서 가공해서 제3국 또는 우리나라로 들여오는 형태의 교역이 중심이 되었고, 그러다 보니 한국과 중국이 굉장히 밀접한 커플링이 되었다는 것입니다. 대외경제정책연구원 통계에 의하면 중국 성장률이 1% 하락할 때, 우리나라 대중국 수출은 1.3% 줄어든다고 합니다. 그만큼 우리나라 경제의 중국에 대한 의존도가 많이 높아졌다는 뜻이죠.

03 중국 경제 변화의 바람

보통 우리가 중국 경제를 이야기할 때, 세 개의 불균형을 지적합니다. 먼저 지나치게 투자에 의존하는 경제, 말하자면 내수나 소비가 별로 힘을 못 받고 투자에 의존하는 형태라는 것입니다. 다음으로 국내 시장보다는 해외 시장에 의존하는 형태라는 것이고, 마지막으로 국유기업 국가체제, 국유체제가 경제를 지나치게 쥐어틀고 있다는 것입니다.

이런 세 가지의 불균형을 중국 경제의 거시적인 문제점으로 보고 있습니다. 게다가 최근에는 중국 경제성장의 견인차 역할을 해왔던 생산력에 있어 우려할 만한 조짐이 보이고 있습니다. 인구가 줄어들면서 중국 전역에서 노동자 부족 현상이 발생하고 있으며, 임금이 오르고 있습니다. 지금까지 중국을 '월드 팩토리(세계의 공장)'라고 불리게 했던 중국 제조업이 흔들리고 있는 것입니다.

중국 경제성장의 또 다른 요인 중 하나가 지방정부의 과감한 투자였습니다. 자신들의 정치적 업적을 이루기 위해서 지방정부는 때로는 무모하다 싶을 정도의 투자를 해왔습니다. 그러나 이제 지방정부가 2008년 금융위기 이후에 진행했던 어마어마했던 부양정책으로 부채를 많이 지게 되면서 투자 여력이 점점 떨어지고 있습니다. 이러한 문제점들이 현재 중국 경제를 어렵게 하고 있는 요인입니다.

그럼 중국이라는 나라는 이것을 어떻게 극복하려고 하느냐?

중국은 결국 이 같은 문제점을 다시 균형을 맞추는 방법을 통해 극복하려고 합니다. 이제는 투자에 의존하는 것이 아니라 소비를 키우는 방향으로, 그동안 2차산업, 제조업에 치중했던 정책을 3차산업까지 균형 있게 발전시키는 것을, 이른바 리코노믹스(Likonomics)의 핵심으로 제안하고 있습니다. 그리고 이런 것을 추진할 수 있도록 투자보다는 소비 내수를 통해서 경제를 부양하겠다는 계획을 가지고 있습니다. 이제까지 중국 인구가 생산력으로서 의미가 있었다고 한다면, 앞으로의 중국 인구는 아마도 구매력 차원에서 바라봐야 할 것입니다. 현재 중국은 많은 분야에서 세계 1위의 시장규모를 자랑

우리가 중국에 가서 무언가를 만들고 조립해서

그것을 해외로 수출하는 제조업의 시대는

중국에 가서 어떻게 하면

싼 노동자들을 많이 고용하여

제품을 많이 만들고 수출하느냐에

중국 비즈니스의 초점을 맞추었습니다.

그러나 앞으로는 어떻게 하면

중국 소비자들에게

우리 물건을 더 비싸게 팔 것인가를

고민해야 하는 시대가 왔다는 것이죠.

하고 있습니다. 자동차 같은 경우는 2009년 미국을 제치고 세계 최대 시장이 되었고, 휴대전화 부문에서도 2013년 2월 미국을 따라잡았습니다.

최근 제가 중국연구소에서 《차이나 3.0》이라는 책을 냈습니다. 서기에서 저는 차이나 2.0시대를 덩샤오핑에서부터 후진타오 시대까지, 중국이 제조업으로 일어난 시기라고 한다면, 앞으로 시진핑의 등장으로 시작된 차이나 3.0시대는 소비가 일어나는 시대가 될 것이라고 썼습니다.

그렇다면 거기에 맞게 우리의 중국 비즈니스 역시 바뀌어야 할 것입니다. 우리가 중국에 가서 무언가를 만들고 조립해서 그것을 해외로 수출하는 제조업의 시대는 중국에 가서 어떻게 하면 싼 노동자들을 많이 고용하여 제품을 많이 만들고 수출하느냐에 중국 비즈니스의 초점을 맞추었습니다. 그러나 앞으로는 어떻게 하면 중국 소비자들에게 우리 물건을 더 비싸게 팔 것인가를 고민해야 하는 시대가 왔다는 것이죠. 이와 관련하여 '삼통(三統)'이라고 부를 수 있는 세 가지 통합 현상이 중국 경제에서 벌어지고 있다는 것이 제 생각입니다.

첫째는 생산의 국내 통합입니다. 이제까지 중국은 무언가를 생산할 때 부품 또는 중간재를 국내에서 생산할 수 없었습니다. 기술력이 받쳐주지 못해서 한국이나 대만, 일본에서 중간재를 수입해 그것을 조립했습니다. 말하자면 한 제품을 생산하더라도 그 제품의 각

제조 부분별로 생산 지역이 달랐다는 것이죠. 어떤 것은 중국, 어떤 것은 한국, 어떤 것은 일본… 여러 중간재를 중국에서 모아 수출하는 형태였습니다. 그러나 이제는 중국의 기술력이 높아지면서 중간재, 부품도 직접 생산하기 시작했습니다. 그래서 그전까지 한국이나 일본, 대만 등에 퍼져 있던 생산단계를 중국으로 흡수해버리는 상황입니다. 그렇게 된다는 이야기는 우리가 중국으로 수출할 수 있는, 대중국 수출의 70%를 차지하고 있는 중간재를 수출할 여지가 점점 줄어든다는 것이죠.

두 번째는 생산과 시장의 통합입니다. 이제까지 중국은 제품을 생산해서 국내 시장이 아닌 해외 시장에 팔았습니다. 그래서 생산과 시장이 분리된 형태가 많았죠. 그러나 앞으로는 중국에서 생산해서 중국 소비자들에게 판매하는 시대가 올 것입니다. 지금까지 시장과 생산이 분리된 형태였던 것이, 앞으로는 중국으로 시장과 생산이 통합되는 산업구조가 나타날 것으로 전망됩니다.

세 번째는 생산과 금융의 통합입니다. 이제까지 금융이라는 것은 생산을 위한, 말하자면 제조업을 위한 지원 산업 정도로 여겨졌습니다만, 앞으로는 위안화의 국제화를 적극적으로 추진할 것이고, 그것을 추진하는 과정에서 금융시장 개방을 해야 할 것입니다. 이를 위해서는 중국 국내 금융시장을 선진화하고 개혁을 하는 일이 선행되어야 하는데, 이때 중국 금융 분야에 비즈니스가 많이 발생할 것으로 전망됩니다. 이 같은 중국 산업에서의 세 가지 큰 트렌드 변화가 우리가 특히 주의 깊게 봐야 할 것들입니다.

04 어떻게 대응해야 할 것인가

이제 중요한 것은 중국 경제의 변화 바람에 맞서 우리가 어떻게 대응해야 할 것인가 하는 문제입니다. 중국의 움직임에 대해 우선 FTA 허브의 이점을 활용해야 합니다. 중국을 중심으로 해서 일본이나, 한국, 대만에서 부품을 수입한 뒤 그것을 조립해 미국이나 유럽으로 판매하는 단순한 형태가 지난 20~30년간 아시아에 형성되었던 분업의 큰 틀이었습니다. 그러나 앞으로 우리가 중국과 FTA를 체결하게 되면, 우리는 미국, EU와 FTA를 체결했기 때문에 이 FTA 허브라는 이점을 이용하여 미국과 EU 등이 중국으로 가는 거점으로서 우리나라를 활용하게 하는 것이죠. 특히 고부가가치 제품들의 생산단지를 우리나라에 조성할 수 있게 해야 합니다.

그러니까 미국의 어떤 기업이든 중국으로 가기 위해서 중국에 직접 공장을 짓는 것이 아니라, 우리나라에 공장을 지어서 중국으로 갈 수 있게 만들어야 합니다. 제너럴일렉트릭(GE)은 엔진 부분 아시아태평양 본부를 우리나라로 옮기기로 했고, 바스프(BASF)도 그와 유사한 조처를 하기로 했습니다. 최근 지멘스도 아시아태평양 본부를 한국으로 옮기기로 했습니다. 이 회사들은 우리나라 시장을 보고

옮긴 것이 아니라, 우리 시장 뒤에 있는 중국을 겨냥해서 왔을 것입니다.

이처럼 중국을 겨냥한 서구 유럽의 선진 산업을 우리나라에 끌어들일 수 있는 환경을 조성하고, 중국과 우리가 시장의 이해를 만들어놓으면 서구 기업들은 우리나라에 와서 고품질의 제품을 생산할 것입니다. 따라서 그런 토대를 만들어놓는 것이 중요합니다.

그리고 앞에서도 말씀드렸지만, 중국의 기술이 발전하면서 중간 재조차도 중국이 자국에서 직접 생산하고 있습니다. 우리는 새로운 부가가치를 찾아야 하는 상황이 된 것이죠. 디자인이나 공정, 마케팅 같은 과정에서 새로운 부가가치를 발굴해내기 위한 노력이 필요할 때입니다. 이제까지 우리는 공연이나 영화 등 엔터테인먼트 형태의 소프트 산업에서 중국에 기회가 많으리라 판단했습니다. 실제로 〈난타〉 같은 경우 중국 사람들이 많이 열광한다고 합니다. 중국인들이 〈난타〉에 열광하는 건 중국에서는 볼 수 없었던 한국 사람, 한국 고유의 창의적인 문화이기 때문입니다. 그런 소프트한, 우리만의 지적인 산업에서 중국 시장을 개척하면 새로운 기회가 나올 수도 있을 것입니다.

대중국 비즈니스와 관련하여 made only for china라는 말을 한번 만들어보았습니다. 우리나라는 이제까지 우리나라에서 제품을 만든 뒤, 치열한 국내 시장에서 제품 경쟁력을 가지고 돈을 벌면, 그것으로 중국에서 비즈니스를 하는 spill over 형태의 비즈니스가 많았습니다. 그러나 앞으로는 start from china, 즉 제품을 준비할 때부터 오로지 중국 소비자만을 겨냥한 상품이나 서비스를 기획해야 할 것입니다. 시장 변화에 적극적으로 대응하기 위한 구체적 계획과 실천 방안을 내올 때가 아닌가 싶습니다.

토론1: 한중경제의 실상과 변화 가능성

박승록 (한성대학교 경제학과 교수)

저는 기본적으로 한 소장께서 말씀하신 것에 대해서 공감을 하고 여기에 세 가지 정도 보완 설명을 드리는 것으로 저의 토론을 마치도록 하겠습니다.

우선 첫 번째로는 한국이 중국에 중간재를 많이 수출한다는 말씀을 하셨는데, 사실 그동안 한국이 중국에 많은 중간재를 수출함으로 인해 많은 무역수지 흑자를 누리면서 경제성장을 하는 데 큰 도움을 받았습니다.

제가 계산을 해보니까 한중수교 이후 약 20년 동안 한국은 중국에 대해서 홍콩을 포함할 경우, 약 5000억 달러의 무역수지 흑자를 보았습니다. 그렇지만 같은 기간 일본에 대해서는 약 3800억 달러 정도의 무역수지 적자를 보았습니다. 미국에 대해서는 1500억 달러의 흑자를 보았습니다. 그렇게 우리가 중국에 많은 중간재를 수출해서 무역수지 흑자를 보고 있지만, 사실 우리가 중국에 수출하는 중간재에는 많은 일본 제품이 포함되어 있다는 것을 유념해서 보아야 합니다.

그래서 최근 경제학계에서는 수출할 때 총액 기준의 수출이 아니라 자기 나라에서 부과시킨 부가가치가 얼마나 되느냐 하는 것들을 제대로 분석해보자는 이야기를 많이 합니다. 그래서 한국이 중국에 수출하는 데 있어서 사실은 한국이 부과한 부가가치는 그렇게 많지 않고 대부분은 일본 제품이라는 것을 염두에 두어야 합니다.

반대로 중국도 사실은 미국에 많은 수출을 하면서 미국에 대한 무역수지 흑자를 줄이라는 함정에 빠져 있는데요. 한 예로 광동성에 팍스콘이라는 스마트폰 제조 회사가 있습니다. 스마트폰 이전에는 아이팟이라는 MP3플레이어를 만들었는데, 이것의 미국 수출 가격이 187달러입니다. 이 중 약 40%는 한국 제품이고, 25%는 일본 제품이었습니다. 무역통계상으로 아이팟 하나를 미국에 수출하면 무역수지 187달러만큼 중국이 흑자를 보는 것이죠. 그런데 정작 원가를 계산해보니 중국에서 만든 부가가치는 10달러밖에 안 됩니다. 제품 가격의 3~5%밖에 안 돼요. 그런데 미국과 무역교섭을 할 때는 187달러의 무역흑자를 보고 있다고 미국으로부터 통상압력을 당합니다.

그래서 부가가치 기준으로 각 국가 간 무역수지를 보게 되면 재미있는 현상이 발견됩니다. 우리의 경우 2009년도에 중국에 대해서 약 350억 달러의 무역수지 흑자를 누렸는데, 조금 전에 말씀드린 대로 부가가치 기준으로 계산해 보면 그것이 약 5분의 1로 줄어듭니다. 약 50억 달러 정도의 무역수지 흑자를 중국에서 가져왔을 뿐이라는 결과를 찾을 수 있었습니다.

또 하나 재미있는 것은 2008년도 세계금융위기가 닥쳤을 때, 이때는 우리도 불황이다 보니 중국에서 생활용품을 많이 수입했습니다. 그래서 그 전해에 비해서 100억 달러 정도 무역수지 적자가 늘어나게 됐습니다. 한국에서 중국으로 많이 수출하던 전자제품 같은 것들의 수출이 줄어듦으로 인해서 수십억 달러의 흑자가 줄어드는 현상이 있었습니다. 그래서 2008년도 같은 경우는 놀랍게도 한국이 중국에 대해서 무역수지 흑자를 본 것이 아니라 적자를 본 것으로 나옵니다. 그 때문에 저는 한국이 중국에 많은 중간재를 수출한다고 하더라도 사실은 그 이면에 있는 무역거래의 참모습을 제대로 볼 필요가 있다는 것을 말씀드리고 싶습니다.

두 번째는 한 소장님께서 한·중 간에는 중간재 거래를 통해서 많은 산업협력이 이루어지고 있다는 말씀을 하셨습니다. 그런데 중국 역시 한국에 대해 많은 중간재를 수출하고 있습니다. 그래서 우리가 중국에 수출하는 중간재 가운데는 역시 중국제가 많이 포함되어 있습니다. 또한 제가 본 바로는 석유화학, 금속 제품, 전기, 전자, 자동차, 조선 등의 분야에서 보면 한국이 만든 부가가치가 중국의 수출재에 많이 포함되어 있습니다. 그런데 재미있는 것은 2007년도 이후 한국의 부가가치가 중국의 수출에 기여하는 부분이 점차 줄어들고 있는 현상이 관찰된다는 것입니다. 그것은 한국이 중국에 기여하는 부분이 점점 줄어들고 있다는 뜻입니다. 반면에 중국은 한국의 수출에 대한 기여율을 높여가고 있습니다. 이러한 것들은 한 소장께서 이야기하셨다시피 우리가 수출하는 제품에 부가가치를 더욱 높여야 할 필요가 있다는 것을 보여줍니다.

세 번째로는 중국의 경착륙 문제를 많이 말씀하셨습니다. 구체적으로 중국 경제성장률 1%가 하락할 경우에 한국의 수출이 1.3% 정도 줄어든다고 하셨습니다. 이에 대해서 저는 조금 생각을 달리하고 있습니다. 한국의 많은 분들이 중국 경제가 경착륙할 경우에는 한국이 굉장히 커다란 경제위기에 빠지지 않겠느냐는 말씀을 하시는데, 물론 그 말씀이 맞을 수도 있습니다. 그렇지만 최근 한국과 중국은 많은 제품이 경쟁관계에 있습니다. 경쟁관계에 있는 상태에서 중국 경제가 불황에 빠진다면, 다시 말해서 경착륙을 하게 된다면 사실 미국 시장이나 일본 시장에서 오히려 우리가 경쟁력 우위를 확보할 수 있는 측면들이 있습니다. 그런 면에서 본다면 우리 사회에서 우려하고 있는 중국의 경착륙으로 인한 한국 경제의 위기라고 하는 것이 생각보다 크지 않을 수도 있다는 게 제 생각입니다.

토론2: 한중무역의 희망적인 앞날

쉬창원 (徐长文, 중국 상무부 국제무역경제합작연구원)

최근 중국의 제일 협력 파트너는 미국이고, 두 번째가 일본이며, 세 번째가 한국입니다. 그런데 한·중 간 무역이 언제쯤 일본을 초과하여 중국의 두 번째 협력 파트너가 될 것인가에 대해 생각해봤습니다.

한·중 양국은 수교 후 무역발전이 빠르게 진행되었는데, 이는 중국의 전 세계 무역 대상국 중에서 가장 빠른 속도였습니다. 1992년 수교 직후 양국 간 무역총액은 50억 달러에 불과했으나, 2012년 한·중 간 무역총액은 2560억 달러에 달했으며, 이렇게 증가하는 데 불과 20년의 세월밖에 걸리지 않았습니다. 그러나 중국과 미국 간 무역총액이 50억 달러에서 2500억 달러에 이르는 데는 27년이 걸렸으며, 중국과 일본 간에는 30년의 세월이 걸렸습니다.

2012년 중국과 일본 간에는 댜오위다오 문제가 발생했으며, 양국 간의 정치 관계에 좋지 않은 영향을 끼치고 있습니다. 중국과 일본 간 무역액이 급격히 줄어들어 2012년에 3.9% 감소했으나, 2012년 한국과 중국 간 무역총액은 4.4% 증가했습니다. 2013년 1~9월 중국의 대외무역총액이 7.7% 증가했는데, 한·중 간 무역총액은 8.1% 증가해 중국 전체 대외무역총액 증가율을 앞섰습니다. 최대 무역 상대국이라는 미국과의 무역총액이 6.7% 증가했고, 두 번째 무역 상대국인 일본과의 무역총액은 7.9% 감소했습니다. 또한 2010년 중·일 간 무역총액과 한·중 간 무역총액은 900억 달러의 차이가 났으나, 2012년에는 700억 달러로 줄어들었습니다. 이는 한·중 간 무역이 증가하고, 중·일 간 무역의 증가 폭이 둔함을 보여주고 있습니다. 2013년 1~9월 한·중 간 무역총액과 중·일 간 무역총액의 차이는 260억 달러로 줄어, 주중 한국 대사관의 친구들과 '언제쯤 한·중 간 무역총액이 중·일 간 무역총액을 초과할 것인가?'에 대해 의견을 나누고는 합니다.

일부 전문가들은 1~2년이면 가능할 것이라 주장합니다. 최근 한·중 양국은 협력 동반자 관계를 수립했으며, 양국 국가 지도자들의 상호방문과 양국 국민들의 방문 교류 또한 많이 증가했습니다. 또한 방금 토론에서도 언급되었던 것과 같이 2012년 5월 한중FTA 협상이 시작되었으며, 당시 양국 전문가들은 2년 내에 한중FTA 협상이 타결될 것으로 예측했습니다. 2013년 6월 박근혜 대통령의 중국 방문 시 양국 정상은 한중FTA 협상을 가속화하는 데 합의했습니다. 제 생각에는 이와 같은 속도라면 2014년에는 한중FTA 협상이 타결될 것으로 보입니다.

만약 한중FTA가 체결된다면 양국 간의 무역발전은 더욱 가속화될 것이고, 한·중 간 무역발전의 전망도 매우 밝을 것으로 생각합니다. 그러나 방금 한우덕 발표자도 말씀하셨듯이 중국 경제에는 여러 가지 문제들이 있습니다. 지난 2013년 4월 일본 매체들의 대중국 경제상황에 대한 평가 예측은 한우덕 발표자의 평가보다 더욱 가혹했으며, 심지어 중국의 보이지 않는 은행 부실의 문제는 해결책이 없다고까지 평가했습니다.

중국의 지방정부 재정 문제 및 은행부실채권 등의 문제는 사실 해결하기 어려운 문제이고, 심지어 중국 경제에 많은 문제를 일으킬 것으로 예측했습니다. 또한 중국 부동산 시장의 경우, 부동산 매각도 불가능할 것이며, 부동산 가격이 하락할 것으로 예상했습니다.

그러나 현재 중국의 부동산 가격은 하락하지 않았으며, 10% 이상 상승하였습니다. 결론은 일본 매체들이 예상했던 경제 문제는 발생하지 않았습니다. 최근 일본의 언론매체들은 4월 당시와 같이 생각하지 않는 것 같습니다. 이들은 중국 경제의 문제들이 예상보다 심각하지 않다고 여기고 있습니다.

이와 같은 이유로 일부 일본 기업들은 중국 시장 개척과 대중국 시장을 겨냥한 상품개발을 위한 조사·연구를 강화하고 있습니다. 또한 일본의 언론매체들도 과거와는 다른 태도를 보이고 있으며, 일본 정부는 중·일 간 무역발전을 위해 전략적으로 일본 기업을 지원해야 하고, 한중일FTA를 체결하는 것이 최선의 방법이라고도 강조하고 있습니다. 현재 중일관계는 비교적 긴장 국면에 처해 있는데, 한중일FTA는 중일관계의 파국을 막을 수 있는 최선의 방법이라고 여겨지고 있습니다. 한국과 중국 간 무역총액은 앞으로 1~2년 내에 중국과 일본 간 무역총액을 초과하기는 어려울 듯하고 향후 3~5년 뒤에는 가능할 것으로 생각합니다.

방금 한우덕 소장의 발표에서 중국 경제 및 한중무역, 중일무역에 존재하는 다양한 문제점들이 언급됐습니다. 모두 근거 있고 의미 있는 내용입니다. 그러나 그와 같은 여러 문제점에도 불구하고 한국과 중국의 무역발전은 매우 희망적이고 양측 모두 이익을 기대해도 될 것이라고 강조합니다.

中韩关系发展中的不稳定因素解析

谢庆奎[*]

北京大学

　　中国与韩国的关系，自 1950 年至今，大体上分为三个阶段：1950 年至 1978 年，处于战争与敌对状态；1978 年至 1992 年，两国关系的敌对状态有所缓解，出现了民间的人员往来和间接的经济关系；1992 年两国建交以后至今，政治互信有所增多，经济往来迅猛开展，人文交流急骤增加，达到了超出一般双边关系的前所未有的水平。

　　中韩建交 21 年来，双边关系在政治、经济、人文等领域都取得了重大的进展，并得到了中韩政府及学术界的广泛认可。在政治领域，21 年间中韩国家元首或政府首脑会晤进行了 56 次，双边高层交流和外交定期互访形成机制。双边关系从友好合作关系提升到战略合作伙伴关系，政治互信得到加强。[1]在经济领域，中韩目前互为第一和第三大贸易伙伴，2011 年双边贸易额达到 2206.3 亿美元，是 1992 年的 35 倍，双边经济合作也从简单的贸易往来发展到包括投资、金融、物流等各个领域的全面经济合作。[2]在人文领域，两国在教育、媒体、文艺、体育等方面展开了广泛的合作，人员交流持续活跃，2011 年双边人员往来达 640.5

---

[*] 谢庆奎，北京大学政府管理学院教授，北京大学政治发展与政府管理研究所所长。

[1] 参见张慧智、王箫轲："中韩关系二十年：成就与问题"，北京，《现代国际关系》2013 年第 1 期，第 20 页。

[2] 韩国外交通商部："韩国经济通商统计"，首尔，2012 年 8 月，第 25 页。

万人次，每周约有 830 架次航班往返于两国大中城市间，两国还互为第一大留学生派遣国。[3]

中韩关系的发展，主要是基于经济发展和对朝政策的需要。韩国经济发展先于中国，在政府主导模式、经济贸易技术等方面为中国的经济发展提供了有益的经验，中国为韩国提供了商品、资本和技术输出市场，因此，两国经济关系发展迅猛。在政治外交方面，对于韩国来说，如何与朝鲜实现和解，消除战争威胁，实现南北和平统一，这是韩国头等重要的政治外交课题。中国和韩国在这方面有共同语言、共同利益和共同需要，这是中韩政治互信的基础。至于人文关系方面，则是由于两国地理相邻，文化相近，历史联系较多，所以人员往来急骤增加。在短短的 21 年时间里，两国关系有如此程度的发展，是令人欣慰的，值得庆幸，应该祝贺！

但是，中韩关系的发展是不平衡的，也是不稳定的，存在隐忧。第一，对历史的认识分歧严重；第二，在政治互信方面，经常受到韩美同盟、对朝政策、对日关系的影响和干扰；第三，在经济关系上，两国商品贸易和投资方面存在的失衡状态亟待改变；第四，中韩双方对现实的认知，有失偏颇。[4]对于中韩关系这四个方面的不稳定因素如何认识，如何应对，使中韩关系的发展能够更快、更好，这是中国学者最为关心的议题。

一、凝聚历史共识，弥合历史分歧

[3] 韩国外交通商部："韩中建交 20 年"，首尔，http://www.korqachina2012.org.（上网时间：2012 年 10 月 10 日）
[4] 参见张慧智、王箫轲："中韩关系二十年：成就与问题"，北京，《现代国际关系》2013 年第 1 期，第 21-23 页。

中韩两国对于历史问题的契合点较多，契合点就是共识，即相同或相近的认识。

第一种历史共识是，东亚儒家文化圈。东亚儒家文化圈的主要覆盖范围是中、日、韩、朝四个国家，这四个国家在历史上均从儒家经典和人文精神教化和治理国民，形成了一些共性。中韩儒家文化的共性是，以儒家伦理作为日常的生活伦理；重视家庭价值；团队协作精神；讲究社会秩序与和谐氛围。[5]

第二种历史共识是：汉字文化圈。韩国成均馆大学汉文教育系的陈在教教授指出："在前现代的东亚汉字文化圈中，中国和韩国之间有着数千年的历史联系。而这种联系一直延续到十九世纪后期，以中国为中心的东亚汉字文化圈秩序受到西方冲击而崩溃之前。对于韩半岛上出现过的几个国家来说，在过去的历史当中，与中国这一巨大的领国之间的关系比什么都重要。在这样的过程当中，他们以对立和冲突、共存和纽带形式进行抗衡，并保持了数千年的历史联系。这种关系在漫长的历史时空中并未成为过去时，而是一种依然有效的现在进行时，并且这种关系现在依然是非常珍贵的。"[6]陈教授这段话说得非常公允、平实。事实上，韩国在本国文字创立之前，文献整理和历史记载等都是依靠中国的古汉字，直至朝鲜时期的世宗大王于公元 1443 年成功创制"训民正音"以后，韩国才有了自己的语音和文字系统。而"训民正音"颁布后，并不是马上得到全国推广，朝鲜时期的两

<hr />

[5] 参见邢丽菊（复旦大学国际问题研究院副教授）："试论文化在中国周边外交中的重要作用——以中韩的'人文纽带'与'人文共同体'为例"，首尔，《成均中国观察》，2013 年第 3 期，第 114-115 页。

[6] 陈在教："有关韩中人文纽带的随想"，首尔，《成均中国观察》，2013 年第 3 期，第 104 页。

班阶层的官员贵族们和正式书籍文本中仍然保留使用古汉字的习惯。韩国的经典文献《退溪全书》、《栗谷全书》以及《燕行录》等都是使用古汉字书写的。"训民正音"的字母系统一直到二十世纪初才开始大量使用。[7]

第三个历史共识是，中韩之间存在"人文纽带"。文字是文化的重要载体，汉字是连接中韩文化的一个重要纽带。儒家文化和儒家伦理思想是型塑中韩两国民众价值观和生活习惯的又一个重要纽带。中韩两国山水相连、彼此渗透的割不断、打不散的历史联系，则更是一个重要纽带。今年初，韩国新任总统朴槿惠上台后，非常重视发展对华关系。在探讨中韩两国关系发展定位的时候，韩国政府率先提出了"人文纽带"这一概念。中国政府和学术界对此表示关注和认同。[8]这一概念实际上凝炼了包括文字、文化、思想与历史联系在内的更高层次的历史共识。

第四个历史共识是：共同抗击日本军国主义的侵略和掠夺。19 世纪末、二十世纪上半叶，日本军国主义者多次对中国和韩国发动侵略战争，并实行殖民和长期占领，犯下了诸如南京大屠杀，试验、制造和使用化学细菌武器等永远都不可饶恕的战争罪行。更为可恶的是，多届日本政府特别是最近的安倍晋三政府，公然否认战争罪行，否认对中韩和亚洲其他国家的侵略。中韩两国人民深受其害。中韩不但有此共同遭遇，还曾并肩抗击过日本的侵略。这不仅是中韩两国最重要的历史共识，而且应该成为中

---

[7] 参见邢丽菊："试论文化在中国周边外交中的重要作用"，首尔，《成均中国观察》，2013 年第 3 期，第 112 页。

[8] 参见邢丽菊："试论文化在中国周边外交中的重要作用"，首尔，《成均中国观察》，2013 年第 3 期，第 110 页。

韩两国进行战略合作、共同警惕和反击日本军国主义复活的政治基础。

四个历史共识，能否化解中韩两国的历史分歧，这取决于两国政府的立场和学者的态度。两国政府已经表明立场，在 2004 年就历史认识问题达成口头谅解，双方承诺将致力于防止古代史等悬案阻碍中韩关系的发展。[9]这样做当然还不够，两国政府应该有书面协议和法律文本，来约束国家间和民间行为。中韩两国学者开展历史问题的研究，这是学术的自由。但是有一条，不能将学术问题政治化，不能将历史问题现代化，更不能将没有经过双方专家认可、国际认证的历史研究成果带进外交关系中，而阻碍双边关系的发展。这是研究历史问题的大忌。

二、加强政治互信，结成战略伙伴

韩国成均馆大学成均中国研究所所长李熙玉教授最近客观地指出："在政治领域，到 2012 年为止，韩中两国共进行了大约 60 次的首脑会晤。首脑会晤作为一种沟通机制，能够预防由于沟通不足导致的危险，并确保一旦有问题发生，便可得到迅速处理。到 2013 年 6 月为止，韩中两国共召开了包含外交部长会议在内的六次务实型交流与韩中副部级战略对话。特别是在曾经因意识形态差异而最为敏感的军事、国防领域，两国也排淤疏塞，逐步开展人员交流、政策务实交流以及教育与研究领域的其他交

---

[9]参见张慧智、王箫轲："中韩关系二十年：成就与问题"，北京，《现代国际关系》2013 年第 1 期，第 22 页。

流。2011 年两国决定将副部长级国防对话制度化"。[10]李熙玉教
授还用表格记述了中韩政治关系的发展过程：

中韩政治关系的发展过程[11]

阶段	时期	中国因素	韩国因素	备注
睦邻友好关系	1992	改革开放政策 确保中间技术 牵制台湾	北方外交 确保国际地位	卢泰愚政府与江泽民政府
合作伙伴关系	1998	责任大国论 牵制美国的单边主义 多极化战略	新的对北韩政策 经济合作	江泽民第二期体制与金大中政府
全面合作伙伴关系	2003	和平崛起与和平发展 六方会谈	解决北韩核问题 均衡者外交	胡锦涛第一期体制与卢武铉政府
战略合作伙伴关系	2008	牵制韩美同盟 和谐外交 软实力外交	同时加强韩美同盟与韩中关系	胡锦涛第二期体制与李明博政府

[10] 李熙玉："新的 20 年，对韩中关系的新思考"，首尔，《成均中国观察》，
2013 年第 3 期，第 8-9 页。
[11] 李熙玉："新的 20 年，对韩中关系的新思考"，首尔，《成均中国观察》，
2013 年第 3 期，第 10 页。

战略合作伙伴关系充实化	2013	新型大国论东亚战略韩中FTA	加强韩中关系韩半岛无核化	习近平政府与朴槿惠政府

　　李教授的"观察"是敏锐的，中韩之间的"战略合作伙伴关系"需要"充实化"。这就是说，战略合作伙伴关系只是"非同盟、非敌对、不针对第三国"[12]以及危机处理，这是不够的，还需要真正体现"战略合作"与"伙伴关系"，需要充实具体内容。这里的关键问题是加强政治互信，妥善处理中韩关系中的"美国因素"、"朝鲜因素"、"日本因素"，才能真正实现"战略合作伙伴关系"。

　　所谓"美国因素"，主要是美韩同盟和美国对朝鲜的敌视政策。美韩同盟是二战后朝鲜战争与东西方阵营冷战的结果，当时弱小的韩国不得不和强大的美国结成同盟，以保障自己的安全，这是可以理解的。1953年至2013年，美韩同盟建立60年，主要是军事同盟。期间，金大中、卢武铉两届韩国政府提出了对朝鲜的"阳光政策"与对美关系的自主性努力，使美韩同盟出现了裂缝；李明博政府开始采取对朝鲜的强硬路线与积极的亲美政策，并在2008年与美国布什总统达成协议，建立"韩美战略同盟"，标榜"价值"、"信赖"、"和平"。李明博政府这种使

---

[12] 李熙玉："新的20年，对韩中关系的新思考"，首尔，《成均中国观察》，2013年第3期，第9页。

"压倒性的不对称与冷战残余等问题"得以深化，造成了新的"不稳定"态势。[13]

朴槿惠总统上台后，在中美之间推行均衡外交，这是合乎潮流的做法。但这种均衡外交的基础是不牢靠的，不稳定的。要打牢这种均衡外交的基础，至少必须做到三条：第一，要使中韩战略合作伙伴关系与韩美同盟互不损害，保持等距离；第二，韩国不能成为美国封堵中国的前锋，保持中立态度；第三，千万不能追随美国首先提出的与日本商谈"韩日军事秘密保护协定"，[14]保持远距离。能够做到这三点，应该就是韩国均衡外交的主要内涵。而要做到这三条，关键之处在于继续推进中韩之间的战略互信。如果相互之间不信任，什么事情也办不成，说什么都是空话。中国不会为了保护朝鲜而损害韩国利益，中国在朝韩之间会保持等距离；中国不可能为了与美国和日本搞好关系而损害韩国利益，这是明白无误的。相反，韩国为了加强韩美同盟或在美国的压力之下，有可能会损害中国的利益，这是我们不愿意看到的，但却是有可能发生的事情。

所谓"朝鲜因素"，就是朝鲜政府政策的变化以及中韩美对朝鲜的政策因素。朝鲜民主主义人民共和国作为主权国家，她的主权、安全与领土完整，理应受到尊重，并应受到保护。中国作为朝鲜山水相连的邻邦，帮助朝鲜，保护朝鲜，也是顺理成章的。近些年来，朝鲜的有些政策有违潮流，受到批评和指责，理所当然。但不能因此而进行战争威胁，频频进行海陆空军演，造

---

[13] 参见金俊亨（韩东大学国际语言学部）："韩美同盟60周年的虚实"，首尔，《成均中国观察》，2013年第3期，第34-35页。

[14] 参见金俊亨（韩东大学国际语言学部）："韩美同盟60周年的虚实"，首尔，《成均中国观察》，2013年第3期，第36页。

成了朝鲜半岛局势的持续紧张。很显然，造成朝鲜半岛紧张局势的责任，朝鲜不可推卸，美韩日本也逃脱不了干系。在这种情况下，中国只能主张政治谈判，反对军事威胁。在"天安舰事件"发生后，韩国指责中国袒护朝鲜，从而影响了中韩的双边关系。这是缺乏政治信任的表现。至于"天安舰事件"的真相，要凭事实说话，不能想当然。美国的霸权主义言行，是不能全信的。说伊拉克萨达姆藏有大规模进攻性武器，结果打死了萨达姆，占领了伊拉克，也没有找到这种武器。最近又说叙利亚政府使用了化学武器，俄罗斯总统普京斥责美国的证据为"一派胡言"，[15]我看是有可能的。战略互信是要尊重客观事实，否则毫无信任可言，"朝鲜因素"有可能还会影响中韩关系，但只要有战略互信，是可以化解分歧的。

　　"日本因素"，对于中韩关系则更为敏感。中韩两国饱受日本的侵略之苦，对日本军国主义抱有高度的警惕。这是中韩两国的共同遭遇和共同立场。这种情况，本来不会出现什么问题能够影响中韩关系。但是有两点必须引起注意，一是美日同盟和美韩同盟的存在，决定美国会千方百计将美日韩拉到一起，组成新的同盟或阵线，用以对朝鲜施压、围堵中国和对付俄罗斯。如果出现美日韩同盟甚至日韩同盟，那么肯定要损害中国利益，危害朝鲜半岛局势，加速日本军国主义复活，危及世界和平。在这种情况下，中国别无退路，只有坚决反对。这个时候的中韩关系，就不能保持战略合作伙伴关系了，而是敌对关系。二是日本的作为。面对亚洲各国对日本的反感，日本也会有对策，或远交近

---

[15] "路透社俄罗斯符拉迪沃斯托克8月31日电"："普京斥美报告'一派胡言'"，北京，《参考消息》，2013年9月1日，第一版头条。

攻，或近交远攻，拉拢利诱，分化互解，什么招数都有可能使出来。在美国的引导、引诱或压力之下，日韩之间有机会、有可能进行秘密谈判和幕后交易，签定什么"秘密保护协定"。这当然会严重损害中国利益，相信韩国政府不会这样做。但是一旦美日阴谋得逞，中韩之间的战略合作伙伴关系就不复存在了。

"美国因素"、"朝鲜因素"、"日本因素"三个因素中，关键是美国因素。美国为全球霸权和称霸亚洲，在东亚扶植日本，拉拢韩国，围堵中俄，压迫朝鲜，美国是东亚紧张局势的制造者。日本不是等闲之辈，借助美国的支持，日渐坐大，成为美国危害东亚的主要帮凶，也成了中国和韩国的主要威胁。因为日本一旦坐大，首先会把矛头针对中韩朝，以实现它梦寐以求的"大东亚共荣圈"。日本若能坐大东亚，下一个目标便是美国。美国会因此而付出沉重的代价，搬起石头砸自己的脚。美国已经持续强盛近七十年，不会超过百年，现在应该是清醒的时候了，浪子回头金不换！只有美国收手，中韩之间才能真正加强政治互信，建立名副其实的战略合作伙伴关系。在这种情势之下，中韩之间能否建立政治互信，中国人的忧虑明显多于韩国人。

三、调整经济关系，增进经济互惠

李熙玉教授指出："两国关系发展的最显著成果首先体现在经济领域。2011 年两国贸易规模达到 2207 亿美元（包括香港和澳门转口贸易额的中方统计数据则为 2456 亿美元），与建交初期相比，增加 34.5 倍。中国已成为韩国的最大出口和投资对象国，韩国也成为中国的第三大贸易伙伴与第四大投资对象国。特别是从韩国的立场来看，当前的对中贸易规模大于对美、对日贸易规模的总和，事实上韩国的经济发展在很大程度上得益于中国经济。中国也通过互补性的韩中贸易而实现可持续发展，从而形成了双赢关系。此后，2012 年韩中 FTA 官方谈判正式开始，正在为新的经济关系勾画蓝图。" [16]

中韩建交 20 年之后，经济关系的确发展很快，以相互贸易和投资为代表，获得了双赢的结果，值得赞赏！李教授坦诚，认为韩国的经济发展得益于中国经济。当然，中国经济的发展同样也受惠于韩国先行发展的经济。前 20 年的经济交往，不仅是双赢的，而且是互惠的；但是否是均衡、平等的呢？回答是否定的。中韩经济关系的发展是不平衡的，主要表现在贸易、投资以及海洋经济专属区等问题上。

首先是两国贸易严重失衡，中方贸易逆差长期居高不下。"据中国海关统计，自 1992 年中韩建交以来，韩国对华出口额成倍增长，而中国对韩出口增长不快。这使得中国对韩国贸易逐年逆差，且呈逐年扩大之势。如 1999 年前的每年中国逆差不到100 亿美元，2000 年为 119.2 亿美元，2003 年突破 200 亿美元，达 230.3 亿美元，2004 年达 344 亿美元，2005 年突破 400 亿美元，达 417.2 亿美元。" [17]造成这种局面的主要原因有三，一是两国出口商品结构的差别。韩国向中国出口汽车、钢材、电子产品及通讯器材等高附加值的工业制成品，而中国主要出口农、矿类资源性产品，附加值和技术含量低，所以逆差严重。二是韩国

---

16 李熙玉："韩国新政府的出台与韩国对华政策建议"，首尔，《成均中国观察》，2013 年第 1 期，第 7 页。
17 刘赛力（外交学院副教授）："合作共赢的中韩经济关系"，北京，《国际问题研究》，2006 年第 3 期，第 63 页。

对华采取的包括"调整关税"在内的各种贸易歧视性措施，限制了中国对韩国的出口。三是韩国对进口中国商品态度消极，民间阻力更大，社团动辄游行示威，"身土不二"的排外主义思想根深蒂固。

其次，双向投资失衡，中方对韩投资少。截止 2005 年底，中国对韩国投资的项目只有 90 多个，实际投资金额仅为 11．5亿美元，只有韩国在华投资项目的 1／38 和韩国在华实际投资金额的 1／26。[18]原因是市场规模不同，中国的市场大；以及韩国的市场小、劳工成本高、工会力量大、排外思想严重等。

中韩在贸易和投资方面的不平衡，除了客观的因素（韩国技术先进、中国的市场大需求量也大、韩国的市场小需求量也小等）之外，就是主观的因素。在主观的因素中，政府的态度很关键，如对进口不积极推动，制定一些限制性措施，这不利于进口与贸易。至于民间的阻力，"身土不二"的排外思想，社团力量强大，那也是要看政府的态度。如果政府的态度坚决，并制定出一些相应的措施和法规，那么民间再闹，也是成不了大事的。而且政府要作宣传，要做工作，慢慢改变民间的习惯和态度，不能放任不管，任其自然。

最后，双方自身也存在一些问题。中方对中韩贸易、投资缺少宏观调控，放任自流；地方多头对外，削价竞争，形式主义等；中国的投资环境尚需改善。韩方主要的问题是对华贸易、投资遭遇"瓶颈"，贸易和投资的技术层次和含量降低，贸易和投

---

[18] 刘赛力（外交学院副教授）："合作共赢的中韩经济关系"，北京，《国际问题研究》，2006 年第 3 期，第 63 页。

资的热情减弱、步伐放缓，主要原因是担心中国强大，忧虑"国内产业空心化"。

面对这种情况，政府应该有所作为。首先应该解决贸易逆差扩大和投资不平衡的问题，措施有改善环境，创造条件，克服阻力，积极推动，调整经济政策，理顺经济关系，使中韩贸易和投资在更大规模上实现长期、稳定、均衡发展，否则就有可能出现停滞甚至倒退的困境，这对双方都有百害而无一利。

在经济领域，还有一个不稳定因素，那就是海洋专属经济区的争议和相关海域的渔业纠纷。中韩在黄海、东海相邻海域有重叠的海洋专属经济区，随着海洋资源的开发利用，两国根据海洋法相关公约提出各自的海洋权益，争议和摩擦日益突出。同时，相关海域的渔业纠纷，也导致中国渔民与韩国海警间多次出现激烈对抗，发生了数起人员死亡惨案。"中韩在海洋权益上的摩擦已经成为影响两国关系的重要不稳定因素"。[19]对待这种不稳定因素，双方只有坐下来谈判，冷静处理，调解纠纷，平衡利益，不能使之危害大局。

中韩经济交往中出现的失衡、矛盾和冲突，一些不稳定因素，应该通过中韩之间 FTA 谈判来进行通盘考虑和一揽子解决。FTA（Free Trade Agreement），即自由贸易协定，是为了绕开WTO 多边协议的困境，另外开辟途径推动贸易自由化，独立关税主体之间以自愿结合方式，就贸易自由化及其相关问题达成的协定。中韩之间 FTA 谈判自 2012 年 5 月启动，至今已经进行五轮谈判，双方就商品类别定义、处理方案和市场开放范围等问题交

---

[19] 张慧智、王箫轲："中韩关系二十年：成就与问题"，北京，《现代国际关系》2013 年第 1 期，第 23 页。

换了意见。目前正就非关税壁垒问题进行磋商。FTA 谈判所涉及范围极广，除商品领域的关税减免之外，还有服务贸易、投资自由化、知识产权、政府调配、竞争政策和贸易救济制度等。[20]中国已经加入 WTO，已经与东盟、智利、巴基斯坦、新西兰、秘鲁、哥斯达黎加、冰岛、瑞士签订了 FTA。相信中韩之间的 FTA 谈判也能成功，为妥善解决两国经济关系的不稳定因素，为实现贸易和投资中的相对均衡，为增进经济互惠，为推动中韩之间的经济合作和双边关系而作出不懈的努力。

四、重新认识对方，塑造美好未来

中韩之间有着悠长友善的"人文纽带"，也有二战后的不愉快记忆。在全球化、现代化的今天，我们应该放下包袱，着眼现在，面向世界，共谋未来。相逢一笑泯恩仇，携手合作谋未来。这就是说，人和人之间不能纠缠过去，而要面向未来。国与国之间也是这样。中韩两国建交之后，友好合作关系不断发展。但在发展的背后，也有不和谐的声音，"中韩两国民间负面情绪不断蔓延"，值得关注。

2010 年，中韩合作进行的民意调查结果显示，大部分韩国人并不认为韩国从中韩贸易中受惠，并表现出很强的优越感，"常常流露出对中国的不屑"。关于中国的崛起对韩国的影响，"绝大多数受访者的负面情感溢于言表"。至于为什么对中国有负面看法，大部分受访者"说不清楚这些印象形成的原因，也找不到

---

[20] 参见朴炳锡（韩国国会副议长）："韩中合作与东亚和平的良性循环"，首尔，《成均中国观察》，2013 年第 3 期，第 21-22 页。

具体的事实支撑，但是却习惯地反复作出相同的判断”[21]另外，根据韩国的调查，“高句丽历史争端”一定程度上导致韩国人对中国情绪的恶化。[22]中国《环球网》2011 年 9 月进行的中国人对韩国印象则显示，中国人对韩国印象下滑主要原因：“韩式历史观”。[23]英国广播公司等媒体于去年 12 月 2 日至今年 2 月 4 日进行的民意调查显示，中国人近几年对韩国的印象急转直下，约有一半的中国受访者对韩国印象不佳。[24]中国学者提醒，“中韩民间的负面情绪不再是孤立的单一现象，而是一种群体性情绪的体现，已经成为两国双边关系中不可回避的问题。”[25]

韩国部分民众对中国的负面情绪，一是源于对历史认识的分歧，二是对中国的崛起无准备，三是受媒体负面报道的影响，四是一种优越感，瞧不起稍稍落后的中国人，五是相互关系中摩擦与冲突的狭隘民族主义情绪，以及境外势力的影响等等。总之，原因是多方面的，要作具体分析。奇怪的是，中国人怎么也看不起韩国人？主要原因恐怕是对“优越感”的反感，或是对一些霸道行径的不满，或是对一些得了好处还骂娘的人的嘲讽，或是一种狭隘民族主义的喧嚣，也是事出有因。这就是说，中韩民间的

[21] “几乎无人乐见中国崛起 韩国缘何误读中国？”，北京，《国际先驱导报》，2010 年 5 月 28 日，http://news.xinhuanet.com/world/2010-05/28/c_12153755.htm。

[22] 王晓玲：“什么因素影响韩国民众在中美之间的立场？——基于韩国民意调查的统计分析”，北京，《世界经济与政治》 2012 年第 8 期，第 24-25 页。

[23] “本网调查：中国人对韩国印象下滑主要因：‘韩式历史观’”，北京，《环球时报》2011 年 9 月 28 日，http://world.huanqiu.com/roll/2011-09/2043646.html（上网时间 2012 年 11 月 18 日）。

[24] “中国民众对韩印象恶化 韩网民称对华全无好感”，北京，http://world.huanqiu.com/roll/2011-03/1549229.html，环球网，2011 年 3 月 8 日（上网时间：2011 年 4 月 5 日）

[25] 张慧智、王箫轲：“中韩关系二十年：成就与问题”，北京，《现代国际关系》2013 年第 1 期，第 23 页。

负面情绪是各种原因造成的，有的是事出有因，有的是误解，有的是心态，有的是狭隘民族主义情绪，有的是误导，需要作出具体分析、判断和引导。

由于原因复杂，表现各异，我不便也无力进行具体分析。我只想就如何改善这种负面情绪，重新认识对方，塑造美好未来，谈几条原则性的意见，仅供参考。

第一，摆脱建交前后的相互认知，重新调整对彼此的定位。战争和冷战时期，双方情绪是敌对的。中国改革开放之后，双方有了贸易和往来，敌对情绪有所缓和。1992年建交之后，双方对对方的认知都有所改变，但定位不明朗。到本世纪初，中国改革开放愈三十年，中韩建交近二十年，中国发生了很大的变化。中国 GDP 跃居世界第二，初步实现了中国的崛起，改变了世界力量的对比，使东北亚的力量发生了结构性的变化。这个时候如何认识中国，是摆在很多人面前的现实问题。中国是重新崛起的大国，一个负责任的大国，一个有着悠久历史和深厚文化的大国。韩国对中国的认识不能停留在过去的冷战思维定式，什么"社会主义国家强大后不会起到好作用"，[26]这些担心害怕都是多余的，需要重新认识中国，调整心态，要重新定位。中国也要调整心态，作为一个大国公民，要有大国的公民风范、公民素质、公民精神，不能再把韩国视为美国的"跟班"，韩国也是一个崛起了的中等强国，在东北亚乃至国际事务中也发挥了重要的作用。中韩双方都需要重新认识对方，进行认知上的重新定位。

---

[26] "几乎无人乐见中国崛起 韩国缘何误读中国？"，北京，《国际先驱导报》，2010年5月28日，http://news.xinhuanet.com/world/2010-05/28/c_12153755.htm

第二，规范媒体报道，构建友好的媒体环境。规范媒体报道不是指刻意限制报道内容，妨碍新闻自由，而是要提倡媒体报道的真实性和客观性，防止片面报道和恶意炒作，坚决抵制各种具有煽动性的奇谈怪论和虚假新闻。在现实社会，新闻媒体和虚拟网络具有引导民众的巨大作用，对民族主义的塑造具有重大的影响。中韩两国媒体的报道活动，"应充分考虑到自身所具有的积极 力量与作用，避免因一些错误、片面的新闻报道而造成两国民众之间的民族情绪对立。"[27]

第三，合理疏导民众情绪，防止民间情绪对立，约束狭隘民族主义。这里要强调两国政府的主导作用，这是中韩两国政府的强项。"中韩两国政府应当积极发挥两国民意沟通的桥梁作用，合理引导民众情绪。随着中国大国地位的继续巩固与提升，政府应当引导民众形成一种大国的国民风范。基于悠久的文化传统，中国民众应具备成熟厚重的民族心理；基于新兴的世界大国定位，中国民众应拥有现代国家应有的公民精神，以平等尊重、自信包容的公民精神来看待韩国。韩国也应正视自身存在的问题，更新对中国崛起的认识，培养一种更为开放、包容的民族心态。"[28]如果中韩两国政府都能合理疏导民众情绪，约束狭隘民族主义，那么我们就能够视对方为朋友和知己，就能够共同创造美好未来。

第四，也是最后，我要提到中韩两国知华、知韩派精英人物与专家学者的作用，他们能够冷静思考，知己知彼，务实求真，

---

[27] 朴秉光："改革期中国民族主义出现的背景与现状"，北京，《国际问题研究》，2008 年秋季号，第 90 页。
[28] 张慧智、王箫轲："中韩关系二十年：成就与问题"，北京，《现代国际关系》2013 年第 1 期，第 27 页。

他们在认识处理两国的历史、政治、经济、人文交往方面，具有独特的作用。中韩两国政府如果能够充分发挥这两个群体的作用，那么中韩关系的发展一定会逢山开路，遇水搭桥，冷静协商，共铸辉煌。

主要参考文献

1、韩国成均馆大学东亚学术院成均中国研究所：《成均中国观察》（季刊），首尔，2013 年第 1、2、3 期。

2、赵虎吉：《揭开韩国神秘的面纱》，民族出版社，北京，2003 年版。

3、【韩】金镐城、【中】张海滨：《当代韩国政府与政治》，人民出版社，北京，1996 年版。

4、张志超：《韩国市场经济体制》，兰州大学出版社，兰州，1994 年版。

5、严书翰：《亚洲四小龙发展启示录》，中原农民出版社，郑州，1994 年版。

6、钟诚等：《韩国经济国际化与经济腾飞》，时事出版社，北京，1993 年版。

7、【韩】金正濂著、【中】张可喜译：《韩国经济腾飞的奥秘》，新华出版社，北京，1993 年版。

8、魏杰、贺耀敏：《四小龙腾飞之谜》，人民出版社，北京，1992 年版。

9、谷源祥等：《亚洲四小龙起飞始末》，经济科学出版社，北京，1992年版。

中国农村土地改革与土地立法：中韩贸易的新机遇

王卫国

中国政法大学民商经济法学院院长 教授

自 20 世纪 50 年代以来，中国的经济建设经过了工业化和加速城镇化的发展阶段。这两个阶段的发展模式有一个共同特点，就是将发展工业和建设城市置于优先地位，而农村和农业承担着为工业和城市发展提供资源和劳动力的义务。这种体制带来的一个长期难以解决的难题，就是农村、农业的发展迟缓和农民的相对贫困。尤其是本世纪以来的大规模城市化建设，出现大量农民土地被政府征收，大量农村劳动力进入城市的现象，导致城乡差距进一步扩大。这既不符合可持续发展的要求，也不符合社会的公平价值。

近年来，中国在"城乡发展一体化"的指导思想下，正在探索和推进一系列的重大改革措施，包括推动小城镇建设，鼓励农场化经营，允许农民土地有序进入市场，鼓励将城市资本和公共资源引入农村，形成城乡统筹、共同发展的新格局。在这场意义深远的改革中，土地立法必然受到决策层的重视和全社会的关注。

目前，在中国，对于通过改革土地制度推进城乡一体化，已经形成了诸多共识，其中值得注意的至少有以下一些：

——建立城乡统一的建设用地市场，对依法取得的农村集体经营性建设用地，通过统一有形的土地市场、以公开规范的方式转让土地使用权，在符合规划的前提下与国有土地享有平等权益。

——完善土地承包经营权流转市场，按照依法自愿有偿原则，允许农民以转包、出租、互换、转让、股份合作等形式流转土地承包经营权，发展家庭农场等多种形式的规模经营。

——保障农户宅基地用益物权。积极开展农村地区的宅基地的初始登记，并加快立法，建立全国统一的不动产登记制度。

——改革征地制度，严格界定公益性和经营性建设用地，逐步缩小征地范围，完善征地补偿机制。依法征收农村集体土地，要按照同地同价原则及时足额给农村集体组织和农民合理补偿，解决好被征地农民就业、住房、社会保障。

——在土地利用规划确定的城镇建设用地范围外，经批准占用农村集体土地建设非公益性项目，允许农民依法通过多种方式参与开发经营。

当然，还有一些问题需要进一步地取得共识，例如农村宅基地的自由流转问题，农村集体土地上建设和出售商品房的问题，等等。

总的来说，推动农村土地的进一步市场化，在制度设计方面需要首先明确四个问题：第一是土地市场一体化，第二是土地产权保障，第三是产权的可流转性，第四是建立合理、稳定的流转秩序。

可以预见，这场给中国经济和社会发展产生强大动力的历史性变革，将会给中韩贸易的发展带来的新的机遇。

一、土地市场一体化

目前，我国土地产权的基本构架可以概括为"公有私用，双轨并行"。所谓"公有私用"，就是土地所有权只能属于国家或者集体所有，不允许私人所有。在土地公有制的背景下，城乡土地流转所依托的财产权是土地使用权。土地使用权的权利人通常是公民、法人或其他形式的组织，他们属于私法上的财产权主体。所谓"双轨并行"，是指国有土地使用权和集体土地使用权分设为两个不同的产权系列，并分别在城市土地市场和农村土地市场投入流转。国有土地使用权按照取得方式分为划拨土地使用权和出让土地使用权。农村土地按照用途划分为三类：一是土地承包经营权，二是建设用地使用权，三是宅基地使用权。建设用地又可以分为经营性的建设用地和公益性的建设用地。

在两轨并行的体制下，农村土地市场由于缺乏相应的立法配套，实际上很不发达。城市土地流转的法律基础有《城市房地产管理法》及相关的行政法规，因而有一套比较完整的管理体系，其中包括城市房地产的产权登记体系。在此基础上，目前已经形成比较规范的城市房地产市场。在现行《土地管理法》和《物权法》中，对农村建设用地和城市建设用地是分开规定的，两种土地使用权享受的待遇和法律保护是不一样的。因此，在现行制度下，农村土地市场受到许多限制，例如，集体建设用地不能转让、抵押，也不能用于开发房地产，农民的房屋和宅基地不能转让给城市居民。

城市化过程不可避免地伴随着大量的农村土地转变为为城市土地。问题是，农村土地在转为城市土地的时候是可以保留集体所有，还是必须一律变成国有？如果严格按照两轨并行的体制，城市土地市场只容纳国有土地，那就意味着进入城市的农村土地必须通过政府征收变成国有，然后由政府将使用权出让给开发商。这样做的结果是政府和城市开发商垄断了城市土地市场，城市化成了剥夺农民土地和牺牲农民利益的过程，而不是吸收农民参与和造福农民的过程。

目前，中国政府已经明确提出，到 2020 年，我国农村改革发展的基本目标任务之一，就是建立城乡经济社会发展一体化机制。这是一个很重要的突破。因此，需要在立法上克服现行的制度障碍，解除对农民土地权利和农村土地市场的种种不合理限制。在未来，尽管土地所有权仍然区分为国家所有和集体所有，但是土地流转市场必须是统一的，在土地市场上流转的使用权也必须是平等的。目前，有一些城市正在进行城乡一体化的试点，包括对土地市场进行并轨。有的地方甚至已经设立了城乡统一的土地交易中心。这代表了未来的发展趋势。

二、产权保障

在中国，土地使用权的重要性远远超过了欧洲的地上权。它和地上权表面上有相似之处，但是有很大的不同，尤其是对私权保护和财产利用的意义大不相同。中国的土地使用权与英国法的Estate 即地产权更具有可比性。由于土地使用权是中国土地市场的惟一权利载体，如果土地使用权在法律上没有较强的稳固性，人们在土地市场上就不可能有长远的预期。在没有长远预期的情况下，在土地上的投资就会不足。投资价值不足，土地的财富创造能力也就不会充分发挥。这对土地的保护和利用都是不利的。

按照现行法律，对三种不同的集体土地使用权，有不同的流转方式和流转管理规定。这体现了土地用途管制的原则。至于产权性质，《物权法》已经把它们界定为用益物权了。用益物权与所有权一样，其权利人依法享有对特定之物的直接支配权和排他权。

目前，农村土地产权的保障主要涉及以下三个问题。

1、期限问题。我国农村的土地承包权的期限是 30 年。显然，30 年的预期所能带来的投入是很不够的。根据新的政策，土地承包权的期限将成为"长久不变"。这就要求在法律上赋予土地承包权以更长的稳定期，甚至可能是无限期。

2、登记问题。亦即产权公示问题。按照《物权法》第 10 条的规定，国家对不动产实行统一的登记制度。无论城乡，无论种类，都要按照统一的登记范围，由统一的登记机构根据统一的登记办法进行登记。但是到目前为止，这个规定还没有相应的立法支撑。具有操作性的统一登记制度的缺位，构成了农村土地产权保障和权利流转的一个障碍。

3、征收问题。农民的土地使用权面临的一个很大的不确定性就是集体土地存在着被政府征收的可能。在土地使用权交易中，人们会提出一个问题：用于交易的土地将来是否会被政府征收？如果被征收，土地使用权人又能得到什么补偿？因此，首先要严格限制土地征收。按照《物权法》第42条的规定，征收必须满足三个条件，第一是公共利益，第二是正当程序，第三是公平补偿。目前这三条只是一个框架性规定，并没有具体的立法来加以落实。尤其值得注意的是，按照《物权法》第28条的规定，政府的征收决定一旦生效，被征收人的物权即告消灭。可见，如何界定政府征收决定的生效条件和生效时间，是一个至关重要的问题。当然，城市居民在国有土地上享有的房屋所有权和土地使用权也存在着同样的问题。但是，随着2011年国务院《国有土地上房屋征收与补偿条例》的颁布，这个问题已经得到比较妥善的解决。但是，国务院在2012年开始的《农村集体土地征收补偿条例》的起草工作因种种原因被搁置了。目前，农村土地征收引发的社会矛盾已经十分尖锐，地方政府依赖于土地征收和土地使用权出让的土地财政面临着难以持续的困境。因此，必须在严格限制土地征收的同时，放开土地流转市场并制定土地增值税、土地流转税等税收制度。这样，一方面可以使土地使用权人和投资者从土地利用和土地增值中获取经营收益，另一方面也可以使政府通过土地开发和土地流转带来的税源获得财政收入，由此形成民间和政府在土地市场化过程中的双赢局面。

三、产权的可流转性

中国宪法第 10 条规定：土地的使用权可以依照法律的规定转让。这里既包括国有土地使用权的转让，也包括集体土地使用权的转让。现行的《土地管理法》实际上也承认农村集体土地的可流转性，但是在现行制度下，农村集体土地的流转受到了很大的限制。首先是土地用途管制。其次，就是流转范围的限制。目前看来，为了国家的粮食安全和土地管理的秩序，用途管制原则是不能突破的。所谓用途管制制度，就是国家编制土地利用总体规划，严格限制农用地转为建设用地，控制建设用地总量，对耕地实行特殊保护。在这个前提下，不同用途的土地在符合规定用途的前提下应该是允许转让的，而且应该有比较高的自由度。但是，在现有体制下，三种集体土地使用权的流转，还缺乏充足的自由空间。

1、承包土地。在中国农村，自 20 实际 80 年代以来，集体所有的农用土地已经以农户承包的方式分配给了农民。《物权法》第 133 条规定，通过招标、拍卖、公开协商等方式承包荒地等农村土地，依照农村土地承包法等法律和国务院的有关规定，其土地承包经营权可以转让、入股、抵押或者以其他方式流转。但是，现行的解释是，土地承包权可以在村民之间流转，但不能流转给村外的人。目前，这个界线在实践中已经被打破，但其合法性尚未得到明确。所谓流转，可以分为两类，一个是不改变产权主体的流转，另一个是改变产权主体的流转。前者改变实际占有但不改变使用权的归属，如转包、出租。后者改变使用权的归属，如互换、转让。还有一种流转方式是股份合作，在目前法律无具体规定的情况下，入股时是否转移土地使用权，仍存有疑义。

2、建设用地。《物权法》对国有建设用地使用权的流转有比较充分的规定。但是对集体建设用地只是规定由《土地管理法》等法律法规来规定。所以，集体建设用地的流转制度还有待新的立法来建立。与此同时，建设用地流转与建设市场的管理密切相关。虽然目前已经有统一的《城乡规划法》，但是除了《城市房地产管理法》，没有农村房地产管理法。按照城乡一体化的要求，需要建立城乡统一的房地产管理法。

3、宅基地。《土地管理法》第62条关于农村宅基地的规定，基本上是一个福利性的宅基地分配制度。从1958年人民公社化以来，农村宅基地分配基本上是一种福利制度。由此导致的问题，一是激励人们多占地，导致耕地流失严重，二是宅基地利用率低，土地浪费严重。此外，新出现的问题是，随着农民大量进入城市和乡镇，农村房屋闲置的情况日益严重。针对这些情况，宅基地制度改革的基本方向就是要取消福利性分配，实行市场配置。具体说，就是要取消无偿分配宅基地的做法，放开农村宅基地市场，鼓励在现有宅基地上进行开发性改造，以增加农村住房供应和改善农民居住条件。对于进入农村房地产市场的交易主体，不应有身份限制。除了村民之间的转让外，允许城里人到农村租房、购房和投资建房。

长期以来，农村土地流转存在着对受让主体身份的限制。具体说，农村的土地特别是承包地只能转让给农村人。这个政策的前提就是城乡居民身份的二元化，即人口按户籍被划分成城市居民和农村居民。改革开放30多年来，中国人口结构的一个重要变化，就是大批的农民进城，形成"城市人口外来化"和"农村人口非农化"的格局。自1980年以来，我国的城市人口增加了一倍多，达到了约45%。预计2020年城市人口将达到60%，2025年将超过66%。到2030年，中国的城市人口将突破10亿。因此，未来的政策应该是，鼓励人口的双向流动，即允许乡下人进城，鼓励城里人下乡，另一方面，鼓励民间资本和政府公共建设资金下乡，让大量脱离农业劳动的农村居民转入在现有县城和乡镇基础上发展起来的中小规模的现代市镇。

农村现存的大量集体建设用地具有吸引投资的巨大潜力。现在城市建设用地与农村建设用地的面积比例大约是1：4.6。如果农村的建设用地的流转放开，就有相当于现有城市建设用地 4.6 倍的增量土地逐步投入市场。这可以带来大量的投资、大量的就业和大量的内需，也会给农民带来更高的收入和更多的发展机遇。而要让这些土地充分流转，就不能将农村的土地流转范围限制在本地居民的范围内。

四、产权流转的秩序

未来中国土地流转制度的基本框架，就是建立城乡一体化的交易平台，让城市和农村的土地使用权以公开规范的方式，在符合规划和接受政府管理监督的情况下平等地进行转让。通过这个土地交易平台，首先就可以解决农民与城市商人之间的信息不对称问题，使农民在交易中能够充分地了解市场和规范地订立合同。其次，这个平台还可以提高土地交易的透明度，便于政府监督管理，从而防止欺诈、过度投机和其他不法行为，既保护守法交易者的利益，也维护国家的规划管理、土地管理、建设管理、不动产登记管理和税收管理等行政秩序。

目前，我国一些地方已经开始试办城乡土地交易中心。但是，在没有相关立法的情况下，现有的土地交易中心只能提供一种供人们自愿选择的服务，而无法排除场外交易。这不利于维护土地流转秩序和保护农民利益。

五、当前的立法重点

加强制度供给是实现土地改革的必要条件。只有抓紧完善相关法律法规和配套政策，规范推进农村土地管理制度改革，才能最大限度地降低改革的成本，提高改革的效益。为此，与农村土地流转有关的以下立法项目正在或者将有可能被提上议事日程。

1、制定《不动产登记法》，落实《物权法》"统一登记的范围、登记机构和登记办法"的要求，建立城乡统一和房籍与地籍合一的不动产登记制度。同时，原来由若多个政府部门对不同用途的土地分别登记管理的体制也将被单一部门统一登记管理的体制所替代。目前，这个立法项目已经由国务院启动。

2、制定《土地法》和修改《土地管理法》。现有的《土地管理法》属于土地行政法。在保障土地产权和发展土地市场为优先目标的指导思想下，应当首先建立以土地民事权利和土地民事流转为核心概念的《土地法》即土地基本法。通过《土地法》的制定，可以解决近年来在修订《土地管理法》过程中提出的一些亟待解决的问题，例如，延长土地承包经营权的期限，取消土地使用权流转中的身份限制，建立城乡统一的建设用地流转制度；实现宅基地和农村房屋的有序流转。《土地管理法》的修改，也要符合与《土地法》相一致和相配合的要求。

3、制定《不动产征收法》。要依据《物权法》第 42 条的规定，严格规定政府征收城乡土地和房屋的条件、程序、补偿标准和权利救济措施，以保证政府的征收权不被滥用。同时，还要制定《不动产价值评估办法》，以配合征收补偿制度的实施。

4、制定《土地交易市场管理法》。要制定完整的城乡土地交易流程和监管措施，建立交易服务和相关行政管理一体化的公开交易平台，实行禁止场外交易的原则，与不动产登记制度相衔接。

5、制定《土地税法》。建立包括地价税、土地增值税、土地流转税和土地使用税在内的多税种体系，规定合理的税基、税率和税收减免条件。同时，通过行政法规，形成中央和地方合理分配土地税收入的制度。中央政府应将取得的部分土地税收入用于支持不发达地区的农村发展，以解决由于级差地租形成的不同地区的农村在土地收入上的差距所带来的发展不平衡和福利不平衡。

6、制定城乡统一的《房地产管理法》。现行《城市房地产管理法》只针对城市。2007 年颁布《城乡规划法》实现了规划管理的城乡一体化，而建设管理及房地产市场还没有实现城乡一体化。《城市房地产管理法》规范房地产市场的很多行之有效的规定，用于农村土地流转也是适宜的。比如，开发未达到25%不能再转让的规则，有助于防止过度的土地投机，也可以适用于农村土地流转。

此外，一些其他的法律法规也应该给予相应的清理和修改。比如现行《担保法》中对农村土地使用权抵押的限制性规定，就应该在适当的时候加以修改。

六、中国土地改革对中韩经济的影响

首先，中国农村土地改革将会向市场释放巨额的资源，推动中国 GDP 总量和货币总量的持续增长。据专家计算，中国农村现有建设用地 18 万平方公里，按照每平方公里 3 亿元人民币的初始价格，将会在未来的数十年中向社会释放价值 54 万亿元的土地资产。这些土地资产在吸收投资后，还有至少 5 至 10 倍的增值空间。加上形成产业后创造的工业增加值，可以为中国提供至少 300 万亿元的货币增量。中国目前的货币总量大约为 100 万亿元。这意味着，在可预见的未来，保持价值坚挺和总量持续增加的人民币，

将会更加坚定和稳步地走向国际化。这将会为中韩贸易的进一步发展和亚洲的经济繁荣注入强大的活力。在此基础上，中韩之间如果在贸易和投资领域形成以人民币单一货币结算的机制，这不仅可以提高交易效率，还可以减少国际金融危机带来的负面影响。

其次，中国农村土地改革将会使占全国人口 47% 的 6.4 亿农村居民的收入大大提高，从而形成巨大的消费市场。2012 年，中国城乡居民收入差别为 2.7:1，这意味着，中国农村是一个巨大的潜在消费品市场。未来的土地改革，将会使农民的私人房地产进入市场流转，从而大大提高农民的财产变现能力和融资能力。据专家统计，目前中国农村的房屋建筑面积为 330 亿平方米，其中住宅面积为 260 亿平方米。除去已经为城市居民取得的部分，农村居民拥有的住宅面积为 210 亿平方米。按照每平方米 2000 元的平均入市价格计算，农民的不动产现值至少为 42 万亿元。由于农村住宅普遍容积率较低，经过扩建、改建后，农民的房产价值还会大幅度增加。可以预见，随着农村住宅不动产市场的形成，农民通过出售、抵押房产和宅基地，可以获得大量的现金收入。其中相当一部分将会成为消费品市场的强大购买力。随着农民的物质生活水平的提高，他们对文化生活的需求也会增加。这将会为韩国的工业产品和文化产品带来长期巨大的商机。因此，如何针对中国农民的需求提供更多更好的产品，值得韩国的企业家考虑。

第三，中国农村土地改革和与此相关联的新型城镇化，将会推动乡村市镇化和耕地农场化的进程。由此将带来投资小城镇建设和投资办农场的热潮。事实上，这种投资热潮已经开始出现。这对韩国的投资者来说，也是一个大好的机会。与此同时，城镇建设和农场经营也会为韩国的制造业带来新的市场。所以，汽车、建材、通讯器材、农业机械、化工等行业的韩国公司，可以面对中国新兴的农村市场，进一步优化自己产品结构和战略布局。

　　最后，需要指出的是，农村土地改革是中国继续深化经济改革的整体战略的一部分。这场改革不仅会推动中国的进一步发展，也有利于亚洲的和平和繁荣。在我看来，对中国未来的信心就是对亚洲未来的信心。中韩两国具有共同的地缘政治、经济利益。中韩在保持政治互信的同时，加强经济发展中的合作与互动，是十分必要的。我在此次会议上发表本文的目的，就是希望通过对中国未来发展趋势的介绍，促进相互了解，以便促进中韩贸易在未来的快速和持续发展。